AF283633

Uso seguro de internet y habilidades en colaboración en línea. IFCD29

Marta González Villarejo

Uso seguro de internet y habilidades en colaboración en línea. IFCD29
© Marta González Villarejo

1ª Edición

© IC Editorial, 2025

Editado por: IC Editorial
c/ Cueva de Viera, 2, Local 3
Centro Negocios CADI
29200 Antequera (Málaga)
Teléfono: 952 70 60 04
Fax: 952 84 55 03
Correo electrónico: iceditorial@iceditorial.com
Internet: www.iceditorial.com

IC Editorial ha puesto el máximo empeño en ofrecer una información completa y precisa. Sin embargo, no asume ninguna responsabilidad derivada de su uso, ni tampoco la violación de patentes ni otros derechos de terceras partes que pudieran ocurrir. Mediante esta publicación se pretende proporcionar unos conocimientos precisos y acreditados sobre el tema tratado. Su venta no supone para **IC Editorial** ninguna forma de asistencia legal, administrativa ni de ningún otro tipo.

Reservados todos los derechos de publicación en cualquier idioma.

Cualquier forma de reproducción, distribución, comunicación pública o transformación de esta obra solo puede ser realizada con la autorización de sus titulares, salvo excepción prevista por la ley. Diríjase a CEDRO (Centro Español de Derechos Reprográficos) si necesita fotocopiar o escanear algún fragmento de esta obra (www.cedro.org).

Según el Código Penal, el contenido está protegido por la ley vigente que establece penas de prisión y/o multas a quienes intencionadamente reprodujeren o plagiaren, en todo o en parte, una obra literaria, artística o científica.

ISBN: 978-84-1184-995-1
Depósito Legal: MA 1192-2025

Impresión: PODiPrint
Impreso en Andalucía – España

Nota de la editorial: IC Editorial pertenece a Innovación y Cualificación S. L.

Especialidad formativa

Se entiende por especialidad formativa la agrupación de contenidos, competencias profesionales y especificaciones técnicas que responde a un conjunto de actividades de trabajo enmarcadas en una fase del proceso de producción y con funciones afines.

Las especialidades formativas de Uso General, Formación Complementaria, Formación Modular y las especialidades formativas dirigidas a la obtención de certificados de profesionalidad se incluyen en el Fichero de Especialidades del Servicio Público de Empleo Estatal para su gestión en todo el territorio nacional por cualquier Administración competente.

Las especialidades complementarias, pertenecen todas a la Familia profesional de Formación Complementaria (FCO) y tienen la consideración de formación transversal en áreas que se consideran prioritarias tanto en el marco de la Estrategia Europea para el Empleo y del Sistema Nacional de Empleo como en las directrices establecidas por la Unión Europea. Se consideran áreas prioritarias las relativas a tecnologías de la información y la comunicación, la prevención de riesgos laborales, la sensibilización en medio ambiente, la promoción de la igualdad, la orientación profesional y aquellas otras que se establezcan por la Administración competente.

Las especialidades de Certificado de profesionalidad tienen una duración especificada en su normativa reguladora.

En el resultado de la búsqueda, se muestran las unidades de competencia, todos los módulos formativos con su duración y las unidades formativas del certificado correspondiente, con su duración. Las horas del certificado, exclusivo de las especialidades de certificado de profesionalidad, con alta igual o superior a 2008, son las horas totales más las horas del módulo de Prácticas Profesionales no Laborales.

- ⮕ **Si la especialidad tiene unidades formativas,** las horas totales, presencial, distancia, teleformación serán igual a la suma de esas horas de las unidades formativas de los distintos módulos, sin que se repita ninguna Unidad formativa.

⮎ **Si la especialidad no tiene unidades formativas,** las horas totales, presencial, distancia, teleformación serán igual a las sumas de esas horas de los módulos formativos, eliminando las horas de los módulos repetidos.

https://sede.sepe.gob.es/especialidadesformativas/RXBuscadorEFRED/BusquedaEspecialidades.do

(Fuente: Servicio Público de Empleo Estatal)

Índice

Unidad de aprendizaje 3
Herramientas de colaboración en línea

Unidad de aprendizaje 4
Seguridad informática

OBJETIVOS GENERALES

Los objetivos generales del **IFCD29. Uso seguro de internet y habilidades de colaboración en línea,** son los siguientes:

- ⮑ Alcanzar un nivel esencial en las reglas de la seguridad como usuario informático.
- ⮑ Utilizar adecuadamente ordenadores y dispositivos TIC en lo relativo a la creación y administración de archivos, redes y seguridad de la información.
- ⮑ Navegar eficazmente por la web para la obtención de información, la comunicación en línea y el correo electrónico.
- ⮑ Trabajar con las herramientas de colaboración en línea y computación en la nube *(cloud compunting)*.
- ⮑ Aplicar las técnicas y las aplicaciones vigentes para mantener una conexión segura de red.
- ⮑ Utilizar internet de manera segura.
- ⮑ Administrar datos e información apropiadamente.

Conocimientos fundamentales de computación

Contenido

Objetivos

El objetivo general de esta Unidad de Aprendizaje es:

→ Utilizar adecuadamente ordenadores y dispositivos TIC en lo relativo a la creación y administración de archivos, redes y seguridad de la información.

Los objetivos específicos de esta Unidad de Aprendizaje son:

→ Conocer el *hardware* de un equipo y los tipos de *software* que existen.

→ Saber ubicarse en el escritorio y manejar el Explorador de *Windows,* crear carpetas y accesos directos, trabajar con iconos y ventanas.

→ Saber qué es un procesador de texto y conocer las claves para estructurar un documento y las pautas para una impresión eficiente y sostenible.

→ Saber qué tipos de conexión a redes existen.

→ Conocer los peligros a los que se expone el equipo informático y el usuario con el uso de las redes y las TIC.

1. Introducción

En un mundo cada vez más dependiente de la tecnología, los conocimientos fundamentales de computación se han convertido en herramientas esenciales para la vida diaria, tanto en lo personal como en lo profesional. Este aprendizaje no solo nos permite interactuar de manera eficiente con dispositivos y plataformas digitales, sino que también proporciona una base sólida para adaptarnos a las constantes innovaciones tecnológicas. Es fundamental que comprendamos los conceptos básicos de computación, ya que van encaminados a mejorar nuestras habilidades digitales y la forma en que nos comunicamos, trabajamos y resolvemos problemas.

Desde el proyecto personal más simple hasta un proyecto de mayor envergadura, todos deben realizarse de la forma más eficiente posible. Y no solo en cuanto a conocimientos de aquello de lo que trate el proyecto, sino en lo que tiene que ver con la operatividad, el orden, el funcionamiento de los equipos o la configuración de las herramientas, la organización de los archivos y cómo darles salida, o estar protegidos de los posibles peligros sobre nuestros equipos, nuestro trabajo o nuestra persona.

Este es el caso de Ángeles, que ha decidido volver a retomar sus estudios. Desde que estudió por primera vez ha pasado algo de tiempo, pero sobre todo se ha producido un avance muy grande en las formas de trabajar y las herramientas que utilizar. Deberá ampliar sus conocimientos en cuanto a equipos y dispositivos de trabajo, y en cuanto al uso de internet, correo electrónico, aplicaciones en la nube y otras herramientas para el trabajo en línea.

2. Ordenadores y dispositivos

 HILO CONDUCTOR

Ángeles compró un ordenador portátil aprovechando los descuentos de un hipermercado, pero no sabe muy bien qué tipo de dispositivo es, qué opciones tiene, de qué está compuesto o qué puede hacer con él más allá de los trabajos que quiere realizar en él y de conectarse a internet. Ha decidido ampliar algunos conocimientos básicos para sacarle más partido y hacerlo de forma más eficiente y segura.

Antes de empezar a trabajar y a organizar el trabajo en nuestro equipo, es imprescindible conocerlo, saber qué partes lo componen y cómo funciona. Al hablar de nuestro equipo nos referimos al ordenador que utilizamos, pero también debemos conocer los dispositivos que usamos de forma conjunta y complementaria.

Además del funcionamiento físico del equipo y los dispositivos, también es importante conocer su funcionamiento y organización interna, así como una serie de normas y de formas de interacción que debemos conocer para hacer un uso responsable, eficiente y correcto de estos.

A continuación, se desarrollan todos estos conceptos para tener una base sólida a la hora de comprender el funcionamiento de los equipos actuales y los que vendrán, para estar preparados para actualizaciones y avances tecnológicos.

___

2.1. TIC

TIC es el acrónimo de las **tecnologías de la información y la comunicación,** y definen al conjunto de herramientas y recursos tecnológicos utilizados para comunicar, producir, almacenar y gestionar información. Estas tecnologías engloban desde los dispositivos más personales, como teléfonos móviles y ordenadores, hasta las infraestructuras gigantes, como las redes de internet.

TIC

Las TIC han permitido que la comunicación sea más rápida, efectiva y llegue a más gente, lo que ha transformado los sectores de los negocios, la educación o la salud. Es importante ser consciente de que el avance ha sido rápido y enorme, y que por esa razón es fundamental hacer un uso responsable de ellas y que sean accesibles para todos.

 PARA SABER MÁS

Puedes conocer más sobre la historia y la evolución de las TIC, así como de sus tendencias futuras en el siguiente artículo. Accede desde aquí.

https://redirectoronline.com/ifcd290101

2.2. Dispositivos tecnológicos

Los **dispositivos tecnológicos** son los equipos físicos que nos permiten el acceso al mundo virtual y que podamos realizar tareas digitales. Los dispositivos más habituales que tenemos a nuestro alcance van desde ordenadores de sobremesa o portátiles, tabletas, teléfonos inteligentes, hasta una impresora o una cámara para realizar videoconferencias. Más allá de los más cercanos a nosotros, también consideramos dispositivos tecnológicos los ordenadores ultrapoderosos que se usan en investigaciones científicas, por ejemplo.

Estos dispositivos se componen de dos partes diferenciadas: **hardware** y **software**. El *hardware* es la parte física que compone el dispositivo y el *software* es aquello no tangible, las instrucciones y los programas que permiten que dicho dispositivo pueda funcionar y llevar a cabo las tareas.

Hardware

El *hardware* está formado por los componentes tangibles o materiales de un dispositivo. Incluye las partes mecánicas, eléctricas y electrónicas esenciales para su funcionamiento.

De procesamiento

- Incluyen la unidad central de procesamiento (CPU), que actúa como el cerebro del dispositivo, procesa instrucciones y ejecuta tareas, y la memoria RAM, que permite trabajar de forma temporal almacenando datos de los programas en uso en ese momento. Además, existen también algunos elementos para desarrollar tareas concretas, como son las tarjetas gráficas, de red, de sonido, etc., y es la CPU la que sirve de puente para el funcionamiento de todas de forma conjunta.

De almacenamiento

- Son aquellas partes físicas del dispositivo que almacenan la información, ya sean programas o archivos de trabajo. Estas unidades de almacenamiento pueden estar conectadas físicamente al equipo o de forma virtual en la nube (espacio de almacenamiento remoto en internet). Existen distintos tipos de almacenamiento: discos duros (internos o externos), memorias USB, tarjetas SD, etc.

Periféricos

- Son elementos físicos auxiliares que interactúan con el equipo, como pueden ser los ratones, los teclados, las impresoras, etc., que permiten hacer más sencillo su uso y ampliar funcionalidades del dispositivo principal.

Componentes de la CPU

Software

Como se comentó anteriormente, el *software* es la parte no tangible de los dispositivos electrónicos, la que proporciona la funcionalidad. Lo componen instrucciones y programas gracias a los cuales el dispositivo realizará sus tareas.

De sistema
- Este incluye sistemas operativos como *Windows, macOS* y *Linux,* que sirven de intermediarios entre el *hardware* y el usuario, y gracias a los cuales se administran los recursos del sistema.

De aplicación
- Aplicaciones o programas con los que realizamos tareas específicas, como procesadores de texto, navegadores web y programas de diseño gráfico. Estas aplicaciones facilitan el trabajo y el entretenimiento digital.

De desarrollo
- Está diseñado para programadores y desarrolladores, y representa las herramientas que crean y prueban otros programas y aplicaciones. Incluye entornos de desarrollo, compiladores y editores de texto.

Licencias

En el mundo digital, el *software* no solo es una herramienta, sino también un producto sujeto a derechos de propiedad intelectual. Las licencias de *software* establecen los términos bajo los cuales los usuarios pueden utilizar, copiar y modificar un programa, y su comprensión es vital para la utilización legal y ética del *software.* Existen tres tipos de licencias que debes conocer:

⮩ **Propietarias:** en esta categoría, el *software* es propiedad de su creador, y su uso está limitado a los términos definidos en la licencia. Algunos ejemplos prominentes incluyen productos de *Microsoft* y *Adobe,* donde los usuarios deben pagar por el derecho a utilizar el *software.*
⮩ **Software libre y de código abierto:** este modelo permite el acceso, la modificación y la distribución del *software.* Los usuarios tienen la libertad de adaptar el *software* a sus necesidades particulares, promoviendo un entorno colaborativo de desarrollo. Como ejemplos, destacan el uso de *Linux* y del navegador *Firefox.*

⊃ **Freemium:** un modelo en auge que ofrece de manera gratuita una versión básica del *software,* pero cobra por características adicionales o mejoras, como se observa en aplicaciones móviles y servicios en línea.

 IMPORTANTE

Hasta ahora hemos hablado de distintos dispositivos que tendrán cada uno su sistema operativo, que tendrán sus aplicaciones y sus licencias. Es importante pensar en la sincronización y la convivencia de todos estos dispositivos. Este es el caso en que conseguimos sincronizar un teléfono con un ordenador o con un sistema de almacenamiento en la nube.

Para lograr esta sincronización se ha trabajado de forma colaborativa entre desarrolladores, para tener una serie de estándares abiertos e intención de cooperar entre distintas entidades.

3. Escritorio, iconos y configuración

☞ **HILO CONDUCTOR**

Ángeles quiere ponerse manos a la obra con su nuevo ordenador portátil, pero quiere hacerlo de forma correcta y, sobre todo, ordenada. Quiere aprender a manejarse y saber dónde guardar cada archivo de trabajo. Se plantea si habrá forma de personalizarlo según sus necesidades específicas, que sabe que son distintas a las de otros usuarios.

Al encender el dispositivo —en este caso un ordenador portátil, pero igual ocurre en un ordenador de sobremesa o incluso en un teléfono inteligente—, aparecerán una serie de iconos distribuidos por la pantalla. Este será el espacio de trabajo, también llamado escritorio, como analogía con el escritorio físico donde desarrollamos un trabajo. Esos iconos que aparecen en la pantalla serán accesos directos a aplicaciones, archivos o herramientas gracias a los cuales el usuario podrá interactuar con el dispositivo.

El escritorio de un sistema operativo es la interfaz visual de usuario y uno de los elementos fundamentales para la interacción con el ordenador. En esta área de trabajo virtual encontrarás accesos directos a aplicaciones, archivos y herramientas.

 ## SABÍAS QUE...

En la mayoría de los sistemas operativos modernos, el escritorio es el primer elemento que los usuarios ven al iniciar sus computadoras y, por tanto, su diseño e implementación tienen un impacto significativo en la facilidad de uso y eficiencia de las operaciones.

La interfaz de usuario (UI) es el punto en el que se da la interacción y la comunicación entre el usuario y el dispositivo, y engloba todas las pantallas y la apariencia del escritorio.

3.1. Escritorio e iconos

La apariencia del escritorio o pantalla principal tras encender el equipo dependerá del sistema operativo. En este caso, hablaremos del escritorio de *Windows,* pero todos los sistemas operativos cuentan con este espacio con iconos de programas y herramientas desde el que se podrán ejecutar y seguir tareas y que se podrá personalizar. Los elementos más importantes del escritorio de *Windows* son:

1. **Menú de inicio.** Para ejecutar este menú debes hacer clic en el botón de la parte inferior izquierda de tu pantalla, que se corresponde con el icono del sistema operativo. Desde él accederás a todas las opciones y programas de *Windows*.
2. **Iconos.** Son pequeños símbolos que representan aplicaciones, archivos o zonas de tu equipo. Podrás hacer doble clic sobre ellos para ejecutar dichos programas, abrir ubicaciones de archivos o bien abrir los propios archivos.
3. **Barra de tareas.** Esta barra de tareas está en la parte inferior de la pantalla, a continuación del botón del menú de inicio. En ella aparecerán:

4. **Programas que tengas abiertos o programas que tengas anclados,** que sin estar abiertos puedes acceder desde ahí a ellos de forma rápida.
5. **Área de notificaciones,** a la derecha de la pantalla y en la que tendrás información sobre la fecha, la hora y determinadas características de configuración.
6. **Fondo de escritorio,** que será el fondo de pantalla que aparece con una estética concreta por defecto, pero que podrá personalizarse.

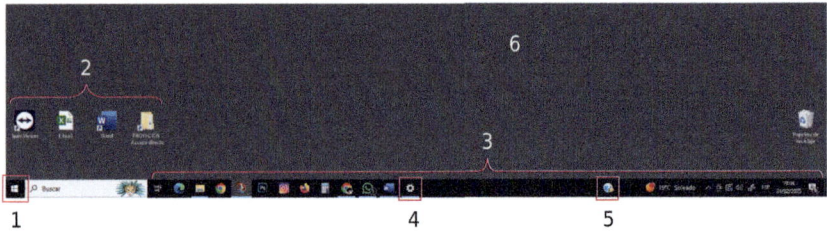

Es muy importante la forma en que tenemos organizado el escritorio para un trabajo eficaz y ordenado. Cada usuario podrá personalizar este espacio según sus necesidades o lo que le resulte más cómodo. No solo podrá personalizarse el contenido del escritorio, sus iconos, sino también su apariencia.

Puedes mover los iconos haciendo clic con botón izquierdo del ratón sobre ellos y arrastrando sin soltar hasta llegar a la nueva posición. También puedes eliminarlos seleccionándolos, haciendo clic sobre ellos y pulsando [Supr] en tu teclado, o cambiarlos de nombre haciendo clic sobre ellos con el botón izquierdo (o pulsando [F2] una vez seleccionado) y escribiendo un nuevo nombre.

En un primer momento, los iconos que aparecen en tu escritorio serán accesos directos a programas, archivos o zonas de tu ordenador. Pero puede que, más adelante, tengas algunos archivos almacenados en el escritorio (no es una práctica recomendable, pero puede hacerse sobre todo al principio, ante el desconocimiento). En este caso, debes tener mucho cuidado a la hora de eliminar, pues podrías estar borrando algún documento.

 **DEFINICIÓN**

Accesos directos
Son un tipo específico de iconos que enlazan directamente con una aplicación o archivo, permitiendo un acceso rápido y eficiente. Por lo general, se identifican por tener una pequeña flecha en la esquina del icono.

No es necesario tener accesos directos para todas las aplicaciones o archivos, puedes moverlos por el escritorio, cambiar su nombre o incluso eliminarlos. Si eliminas un acceso directo, no se elimina el programa, simplemente la opción de acceder de forma inmediata a él.

3.2. Uso de ventanas

Otro elemento básico de *Windows* para el uso del equipo son las ventanas. De hecho, da su nombre al sistema operativo (aunque también otros sistemas funcionan con ventanas). Hay distintos tipos de ventanas desde las que podrán realizarse distintas acciones, pero básicamente todas funcionan de igual modo.

Cada vez que se acceda a una carpeta para ver su contenido, estaremos abriendo una ventana también llamada **Explorador de archivos.** Podremos ir haciendo clic en las diferentes carpetas y subcarpetas hasta encontrar el archivo que buscamos. También aparecerán ventanas en cada uno de los programas que ejecutemos y cada vez que queramos guardar un archivo que estemos realizando.

 IMPORTANTE

Cada aplicación se abrirá en un recuadro en la pantalla llamado ventana. Podrás tener varios programas abiertos simultáneamente y pasar de uno a otro cambiando de una ventana a otra.

El funcionamiento de todos los tipos de ventanas es similar: tiene el nombre en la parte izquierda y tres iconos para su uso en la parte derecha. Además, puedes modificar su tamaño, tenerla visible o no visible, o cerrarla. A continuación, te mostramos cómo:

1. **Minimizar ventana.** Haz clic en este icono para dejar la ventana activa, pero en la barra de herramientas, porque no quieras tenerla desplegada en ese momento.
2. **Maximizar ventana.** Haz clic en este icono para volver a ampliar la ventana si está minimizada o para agrandarla a pantalla completa si tiene un tamaño menor.
3. **Cerrar ventana.** Haz clic para cerrar la ventana definitivamente.
4. **Cambiar de tamaño la ventana.** Acércate al borde de la ventana y una vez que aparezca una doble flecha, haz clic con el botón izquierdo del ratón y arrastra sin soltar hasta alcanzar el nuevo tamaño que quieres que tenga la ventana.
5. **Mover la ventana.** Puedes hacer clic con el ratón en el espacio superior entre el nombre y los iconos de manejo, y arrastrarla por la pantalla para cambiarla de posición. Inmediatamente verás lo que hay detrás de ella.

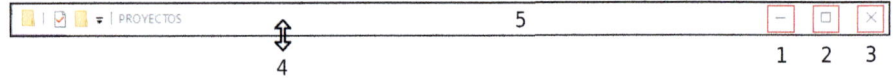

Funcionamiento de las ventanas

APLICACIÓN PRÁCTICA

Ángeles está empezando a trabajar con varias ventanas abiertas al mismo tiempo. Tiene el Explorador de *Windows* abierto, un procesador de texto abierto y también una ventana de internet. Quiere hacer una búsqueda de otro archivo en el explorador que tenía abierto inicialmente y no consigue encontrar esa ventana. ¿Qué debe hacer para acceder a ella?

Solución

Minimizar una o varias ventanas que sean necesarias hasta encontrar el explorador. Esta función permite dejarlas abiertas, pero en un segundo plano para ver otras ventanas, y sería lo recomendable.

- -

TAREA 1

Ángeles enciende su ordenador por primera vez y quiere buscar la carpeta en la que empezará a guardar documentos. Ayúdala a localizar la carpeta de **Documentos** dentro de su ordenador.

- -

3.3. Herramientas y ajustes de configuración

Existen algunas herramientas integradas en el escritorio que permiten realizar algunas tareas de forma más eficiente o que proporcionan alguna información de interés. Una de las herramientas más útiles es la barra de búsqueda, situada al principio de la barra de tareas y que permite encontrar rápidamente archivos o programas. Además, podrás buscar en todo, solo aplicaciones o incluso más allá de tu equipo si escoges la opción web.

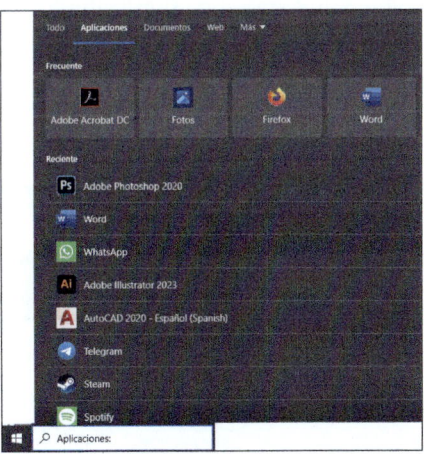

Opciones de búsqueda de la barra

SABÍAS QUE...

También hay otra serie de aplicaciones que pueden ser de interés informativo, como calendarios, relojes o pronósticos del clima, que se pueden agregar al escritorio para proveer información de forma rápida.

Configuración

Cuando se habla de configuración se está hablando de personalización del escritorio, los iconos y las ventanas para adaptar el entorno de trabajo a nuestras necesidades específicas; pero también se habla de otro tipo de configuración de parámetros generales del equipo, de sus aplicaciones, etc., que son fundamentales para trabajar de forma eficaz y segura.

Para personalizar la apariencia del escritorio, haz clic con el botón derecho sobre un espacio libre de iconos del fondo de tu pantalla y escoge **Personalizar**. Verás una ventana con distintos apartados donde modificar diferentes valores.

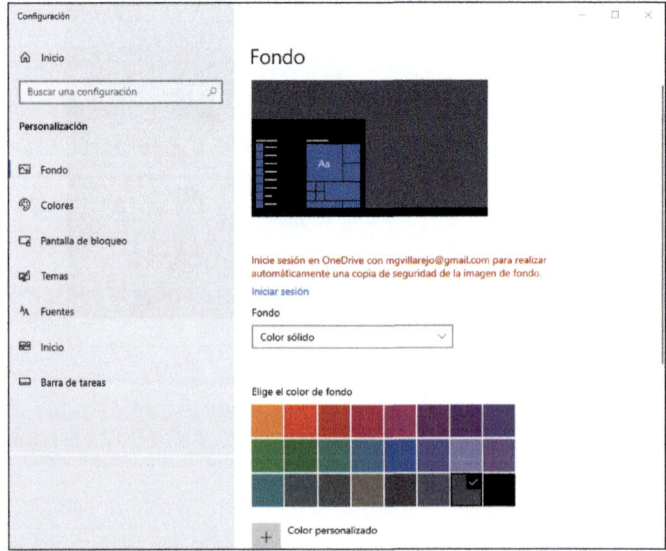

Opciones de personalización de escritorio

Las opciones de personalización van desde la imagen que tienes en el fondo de tu pantalla hasta los colores del sistema operativo, los iconos o incluso el tamaño de letra, lo cual lo hace accesible para usuarios con limitaciones visuales.

ACTIVIDAD COMPLEMENTARIA

1. Accede a las opciones de personalización de tu escritorio y tómate un tiempo para saber en qué consiste cada una de ellas. Una vez que las hayas analizado, plantea una serie de opciones que personalizarías para un mejor uso.

Si haces clic con el botón derecho en un espacio libre de tu escritorio y escoges **Configuración de pantalla,** accederás a todas las opciones que puedes configurar, solo tienes que escogerlas en la columna de la izquierda.

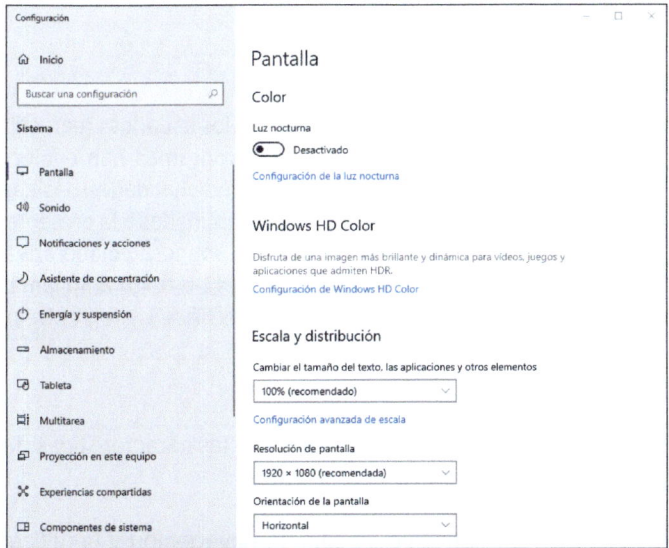

Opciones de configuración de sistema

4. Resultados: trabajo con textos e impresión

 HILO CONDUCTOR

Una vez que ya sabe manejarse un poco con las ventanas y los iconos de su escritorio, Ángeles quiere empezar cuanto antes a ver resultados, que pasan por poder realizar algunos trabajos académicos, para lo cual quiere escribir textos e imprimirlos.

- -

Un equipo informático sirve para realizar muchísimas y muy diversas tareas. Una de las más frecuentes, junto con el uso de internet, es la de trabajar de manera eficiente con textos e imprimir. Para esto, tu equipo informático debe tener instalado un procesador de texto.

✎ DEFINICIÓN

Procesadores de texto

Son herramientas esenciales que permiten a los usuarios crear, editar, formatear y compartir documentos de texto. Estos programas han evolucionado desde su origen y proporcionan, además de las funcionalidades básicas de edición y formateo de texto, otras más avanzadas encaminadas a la presentación atractiva y eficiente de estas, además de su uso de manera colaborativa entre varios usuarios. Algunos ejemplos de procesadores de texto ampliamente utilizados incluyen *Microsoft Word, Google Docs, LibreOffice Writer*, entre otros.

- -

A continuación, te mostramos algunas de las características de un procesador de texto:

- ⊃ **Uso sencillo e intuitivo.** Facilita la navegación y la utilización del programa mediante menús y opciones claras.
- ⊃ **Herramientas de edición y formato.** Permiten alterar el tipo, el tamaño, el color y el estilo de las fuentes, aplicar negritas, cursivas, subrayados y más.

- **Inserción de otros objetos distintos al texto.** Permite añadir imágenes, tablas, gráficos, ecuaciones y otros objetos que enriquecen y complementan el texto.
- **Herramientas de revisión.** Cuenta con correctores ortográficos y gramaticales que ayudan a mantener el documento libre de errores.
- **Herramientas de colaboración.** Cuenta con opciones de trabajo colaborativo entre otros usuarios, que compartirán y trabajarán sobre un mismo documento, realizando modificaciones, comentarios, revisiones, etc.
- **Herramientas de impresión.** Configuración del diseño de impresión, vista preliminar y opciones de personalización como márgenes, orientación e impresión a doble cara.
- **Formatos compatibles.** Permite guardar documentos en diversos formatos como .docx, .pdf, .odt, entre otros, que permitirán el intercambio entre distintos dispositivos o distintas aplicaciones.

Además de tener instalado y conocer las características y funcionalidades básicas de un procesador de texto, hay que tener en cuenta una serie de criterios a la hora de crear e imprimir un texto, como pueden ser cuestiones de contenido, de coherencia, de revisión o de diseño.

4.1. Criterios para estructurar un documento

El procesador de texto cuenta con esas herramientas y características que harán que nuestro trabajo sea más sencillo y, sobre todo, eficiente y de calidad. Pero es igualmente importante que el documento en el que trabajemos sea coherente, tenga una estructura y esté ordenado. Seguidamente, puedes ver una propuesta de estructura de documento recomendable a la hora de trabajar con textos.

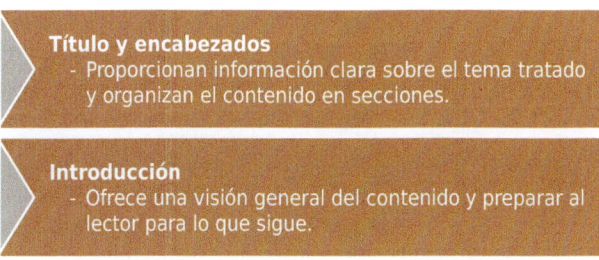

Título y encabezados
- Proporcionan información clara sobre el tema tratado y organizan el contenido en secciones.

Introducción
- Ofrece una visión general del contenido y preparar al lector para lo que sigue.

Continúa en página siguiente >>

<< Viene de página anterior

Cuerpo de texto
- Desarrolla las ideas principales y proporciona detalles, ejemplos y evidencias que las respalden. Utiliza los párrafos adecuadamente para separar conceptos distintos.

Conclusión
- Resume los puntos clave y, cuando sea posible, da recomendaciones o pasos siguientes.

Referencias y agradecimientos
- Incluye una sección de bibliografía si el contenido se basa en investigaciones o recursos externos.

4.2. Criterios de diseño para un documento

A la hora de trabajar con textos es importante saber que también pueden y deben enriquecerse con imágenes, gráficos, etc. Los procesadores de texto también tienen en cuenta estas cuestiones. Puedes ver alguna consideración para que tu documento tenga un buen diseño a continuación:

Consistencia
- Es recomendable utilizar el mismo estilo y formato a lo largo del documento, incluyendo fuentes y tamaños de texto.

Legibilidad
- Es importante priorizar tipos y tamaños de letra que sean fáciles de leer y un esquema de color que no canse la vista.

Espacios en blanco
- Hay que pensar desde el principio en crear unos márgenes adecuados y un interlineado que facilite la lectura, evitando abrumar al lector con demasiada información en una sola página.

Elementos visuales
- Es fundamental integrar imágenes, tablas y gráficos de manera estratégica para apoyar y clarificar la información textual.

4.3. Criterios de revisión y coherencia del documento

Los procesadores de texto también tienen en cuenta que el texto esté correcto ortográfica y gramaticalmente, y que tenga coherencia. Y cuenta con herramientas para este fin. Estas son algunas pautas que debes seguir para hacer un buen texto:

- **Corrección de errores.** Utilizar tanto las herramientas automáticas de los procesadores de texto como la revisión manual para detectar y corregir errores ortográficos, gramaticales y de tipeo.
- **Revisión y ajuste de contenido.** Eliminar redundancias y ajustar las construcciones de las oraciones para maximizar la comprensión y minimizar la ambigüedad.
- **Claridad y concisión.** Asegurarse de que las ideas fluyan de manera lógica, usando conectores y transiciones adecuados.
- **Consistencia en tono y estilo.** Mantener un tono apropiado al propósito del documento, siendo formal o informal según sea necesario y utilizando un lenguaje adaptado al público objetivo.

4.4. Criterios de impresión del documento

Por último, una de las formas de dar salida al documento que has desarrollado es mediante la impresión. No es la única forma de darle salida, puede hacerse de algún modo virtual: mandarlo por correo electrónico, crear un archivo para consulta digital únicamente, etc., pero puede ser que necesites imprimirlo. En este caso, es importante que tengas en cuenta que solo debes hacerlo si es necesario y haciendo una impresión lo más eficiente y sostenible posible, por cuestiones medioambientales.

Imprimir un documento

Hay una serie de variables que debes tener en cuenta al imprimir que harán que tu trabajo se imprima correctamente, con las características que buscas. Son las siguientes:

- **Configuración de página.** Consiste en definir el tamaño del papel (A4, carta, etc.), los márgenes, la orientación (vertical u horizontal) y el ajuste al área imprimible.
- **Vista previa de la impresión.** Esta opción permite revisar cómo se verá el documento en papel antes de proceder a la impresión, permitiendo realizar ajustes finales en el diseño y evitando errores.
- **Ajustes de color.** Puedes elegir si imprimir en color o en escala de grises (blanco y negro) según necesites o según tu impresora permita.
- **Calidad.** También se puede definir la calidad de impresión, que deberá ser mayor si son documentos más gráficos y puede ajustarse bastante si se trata únicamente de texto.
- **Impresión ecológica y sostenible.** Se trata de seguir unas pautas que permitan hacer una impresión utilizando los recursos de forma consciente para reducir el impacto ambiental. Algunas son:

    - Imprimir a doble cara.
    - Seleccionar solo las páginas que quieres imprimir.
    - Utilizar papeles reciclados o certificados.
    - Utilizar ahorro de tinta imprimiendo, por ejemplo, en modo borrador.

 SABÍAS QUE...

Existe una forma de trabajo llamada colaborativa. Esto se refiere al trabajo que realizas con otros usuarios de forma conjunta, colaborativa e incluso simultánea, a través de internet, en algunas plataformas como *Google Docs.*

Estas plataformas permiten realizar comentarios o sugerencias en el documento que otros usuarios pueden consultar y, si se realizan cambios, los demás usuarios serán notificados. Además, existe la opción de revertir cambios volviendo al historial de revisiones.

5. Gestión de archivos

👉 HILO CONDUCTOR

Después de empezar a trabajar un poco con su equipo informático, Ángeles es más consciente aún de la importancia de ser ordenada para un trabajo eficaz. Sabe que trabajará con archivos de distinto tipo, que tendrá que abrir con determinadas aplicaciones y que podrá guardar en carpetas y subcarpetas. Quiere afianzar estos conocimientos para empezar siendo ordenada desde el primer momento.

Un archivo es el documento que contiene datos e información, ya sea de texto, imágenes, vídeos, tablas, etc. Crearemos archivos que guardaremos en nuestros equipos informáticos para consultarlos, editarlos o incluso compartirlos con otros usuarios.

 IMPORTANTE

Existen distintos tipos de archivos, los cuales tendrán un nombre que les asignes seguido de una extensión, que no es más que un conjunto de tres letras detrás de un punto y que indica qué tipo de archivo es y con qué tipo de aplicación o *software* puede abrirse y editarse.

Así, puede ser .docx para un archivo de *Word*, .jpg o .png para archivos de imagen, .mp3 para archivos de audio o .mp4 para archivos de vídeo, por ejemplo.

Lo habitual es que guardemos los archivos en carpetas. Estas carpetas pueden asemejarse a las carpetas físicas que utilizamos en un archivo de oficina. Podemos guardar todos los archivos relacionados en una carpeta, crear subcarpetas, etc. Para crear una carpeta puedes hacer clic con el botón derecho, escoger **Nuevo → Carpeta** y asignarle un nombre. Puedes ver algunas recomendaciones para trabajar con carpetas de manera organizada a continuación:

Estructura jerárquica
- Tiene sentido empezar organizando las carpetas con categorías amplias (Personal, Trabajo, Proyectos, etc.) y posteriormente ir creando subcarpetas, bien por subcategorías, bien por años, etc.

Nombres coherentes
- Cuando trabajes con muchos archivos no recordarás el nombre de todos (o de casi ninguno), por lo que es razonable poner nombres coherentes que permitan identificarlos.

Etiquetas
- Muchos sistemas operativos permiten etiquetar archivos. Las etiquetas son palabras clave asociadas a archivos que facilitan su búsqueda.

Revisión periódica
- Muchas veces se van a acumular archivos antiguos que ya no necesitas o incluso que están repetidos. Es importante hacer una limpieza periódica de estos archivos y carpetas.

5.1. Explorador de archivos

Una vez que creas archivos y carpetas, seguirás creando otros y quizás necesites buscarlos más adelante. Como ya se explicó antes, existe un sistema de búsqueda que te permitirá gestionar mejor estos archivos, es el **Explorador de archivos.**

 **RECUERDA**

Al hacer clic con el ratón en el espacio en blanco de la barra de búsqueda en la parte inferior de tu escritorio, te daba opción de acotar un poco mejor esta búsqueda. Escoge Documentos para que, al empezar a escribir, directamente haga la búsqueda en tus documentos. También puedes filtrar por Carpetas.

Haz clic en el botón de inicio y escoge **Explorador de archivos**; si no lo ves, puedes escribirlo como término de búsqueda hasta que aparezca en ubicaciones sugeridas. Cuando haces clic, se abre una ventana que permite ver la estructura de tu equipo y desde donde puedes ir navegando entre carpetas y subcarpetas hasta encontrar lo que buscas.

Como puedes ver en la imagen, el explorador te mostrará aquellos accesos rápidos que hayas creado, las ubicaciones habituales de **Este equipo** y de la **Red,** en caso de que lo tuvieras conectado a una red con más equipos. Además, si trabajas en línea, de forma colaborativa y almacenas en internet (en la nube), también te permite ver la estructura de carpetas que tengas creada.

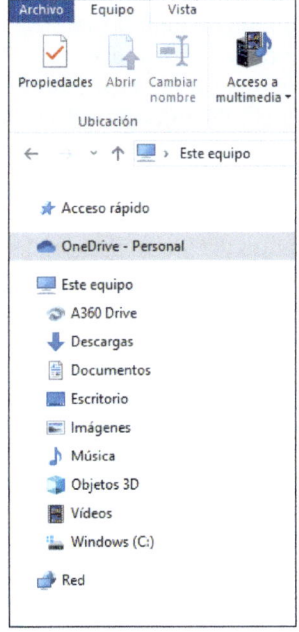

Explorador de archivos

TAREA 2

Ángeles quiere empezar a trabajar en algunos proyectos que tendrá que presentar. Para ello, necesita crear una carpeta con el nombre "Proyectos" dentro

Continúa en página siguiente >>

<< Viene de página anterior

de **Documentos** en el equipo. Una vez que la haya creado, se dará cuenta de que quiere cambiar a un nombre más exacto para no equivocarse con otros proyectos, le cambiará el nombre a "Sociología".

Por último, dado que va a acceder a él con bastante frecuencia, le gustaría crear un acceso más rápido en el escritorio.

5.2. Almacenamiento

Todos los archivos tienen un tamaño, también llamado peso, que no es más que el espacio que ocupan. De igual modo, el equipo informático que uses, o el dispositivo, tiene una capacidad de almacenamiento; luego podrá contener una determinada y limitada cantidad de archivos.

El tamaño de un archivo se mide en *bytes* (**B**), aunque lo más habitual es que los archivos que manejas tengan un prefijo como *Kilobyte* (**kB**) o *Megabyte* (**MB**), ya que el *byte* es una unidad muy pequeña. Se puede decir que una letra ocupa 1 B, una página de texto simple 10 kB y una fotografía de mediana resolución 100 kB, por ejemplo.

 CONSEJO

Es aconsejable tener en cuenta la capacidad de nuestros equipos o dispositivos, así como el peso de los archivos, y sobre todo a la hora de enviarlos por correo electrónico, ya que tendrá también una limitación de tamaño máximo.

Puedes saber cuánto ocupa un archivo de varias formas. Cuando estás en el Explorador de archivos y tienes el archivo en un listado, a la derecha puedes encontrar su tamaño. De igual modo, puedes hacer clic con el botón derecho del ratón sobre un archivo concreto (sobre su icono) y escoger **Propiedades** para ver una ficha con sus datos fundamentales. Ahí vendrá su tamaño.

Existen distintos tipos de almacenamiento a los que puedes recurrir y de los que puedes saber algo más a continuación:

Almacenamiento local

Son dispositivos físicos donde los datos se almacenan directamente. Pueden ser discos duros internos y discos externos. Aunque ofrecen control completo sobre los datos almacenados, están limitados por el espacio físico y pueden ser susceptibles a pérdidas o daños.

Almacenamiento en la nube

Son soluciones para almacenar archivos a través de internet, lo que permite poder acceder a ellos desde cualquier sitio y desde cualquier dispositivo con conexión a internet. Son aplicaciones como *Google Drive*, *Dropbox* y *OneDrive*, y cuentan con garantías de seguridad que siempre puedes revisar y configurar.

Almacenamiento remoto y en red

Este es un tipo de almacenamiento de tipo empresarial, para grandes cantidades de información, seguridad muy férrea, muchos usuarios, etc. Se trata de servidores y almacenamiento NAS *(Network Attached Storage)*.

Optimizar almacenamiento

Tal y como se comentó anteriormente, es recomendable hacer revisiones periódicas y eliminar archivos que ya no se usan, que no necesitas, que son duplicados, etc., de tu ordenador. De esta manera, estarías liberando espacio.

NOTA

Debes saber que una vez que borras un archivo, va a la **Papelera de reciclaje**. Probablemente hayas visto el icono en tu escritorio. Los archivos que borras se quedan durante un tiempo prudencial ahí almacenados por si te arrepientes y

Continúa en página siguiente >>

quieres volver a **Restaurarlos**. También puedes hacer clic con el botón derecho sobre el icono de la papelera y escoger **Vaciar Papelera de reciclaje** y así estarías borrando este contenido realmente y disminuirías el almacenamiento.

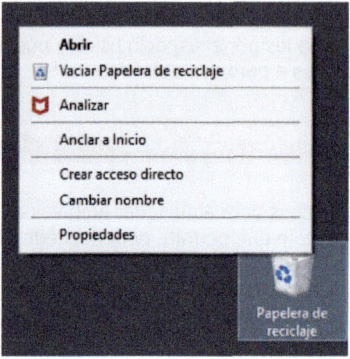

Vaciado de papelera de reciclaje

Si accedes desde el botón de inicio a **Configuración → Almacenamiento** puedes ver en números el espacio que tienes ocupado de tu ordenador. Los datos aparecen desglosados en lo que ocupan los documentos, los programas, etc. Al mismo tiempo, el sistema operativo *Windows* te permite hacer clic en cada uno de ellos para ver de qué manera podrías liberar espacio si lo necesitases.

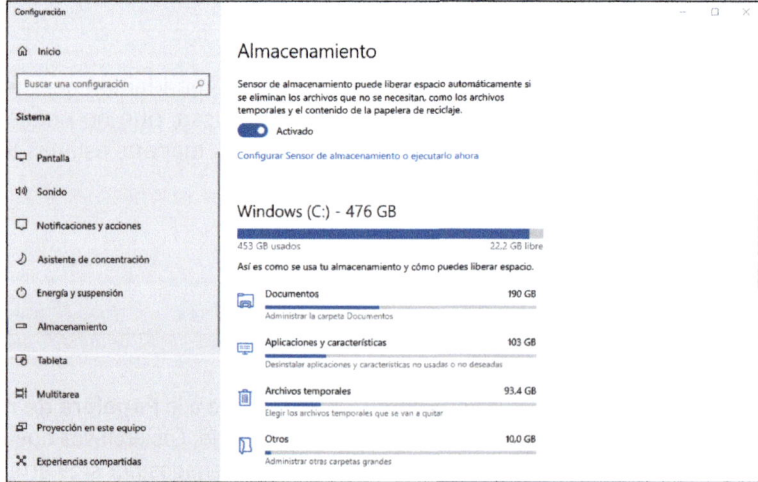

Ver el almacenamiento del equipo informático

Existe una manera de hacer que un archivo ocupe menos espacio y es **comprimiéndolo.** La compresión de archivos no es más que una técnica donde el tamaño de los datos se reduce para mejorar su transporte y almacenamiento.

Estos archivos no pueden editarse mientras están comprimidos, tendrías que descomprimirlos para poder utilizarlos, es decir, volver a hacer que ocupen su peso inicial. Debes tener en cuenta que la compresión puede ser con pérdida o sin pérdida; es decir, que al descomprimirlos vuelven a su estado original (los archivos tipo .zip o .rar) o que se ha disminuido ligeramente su calidad visual para conseguir reducir el tamaño, como en el caso de las imágenes.

 CONSEJO

Es recomendable utilizar la compresión para almacenar archivos en tu equipo si no los usas frecuentemente, ya que para hacerlo tendrías que descomprimirlo y puede perder o no calidad, pero en cualquier caso es un proceso que lleva un tiempo hacerlo, no es algo cómodo para hacer constantemente.

Puede que quieras enviar un archivo por correo electrónico (y debe ocupar menos para que no esté limitado su envío) o bien pasárselo a otro usuario en un dispositivo externo de almacenamiento (una memoria USB con capacidad limitada, por ejemplo). Este es el caso más habitual en el que se usa la compresión.

Existen determinados *softwares* o programas para comprimir y descomprimir archivos como son WinRAR o 7-Zip. Bastaría con pulsar el icono del archivo con el botón derecho y escoger **Enviar a carpeta comprimida** o las opciones que la propia aplicación que tengas instalada te muestre en el desplegable.

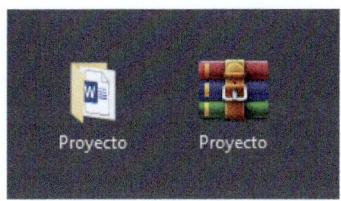

Iconos de archivo y archivo comprimido

IMPORTANTE

Al margen del tipo de almacenamiento que se use, es muy importante hacer copias de seguridad de la información que almacenas cada determinado tiempo, dependiendo de la cantidad que generes o la frecuencia de actualización. Así, si ocurriese algún tipo de incidente con tu equipo informático o con tu almacenamiento externo, siempre podrías recuperar la copia más reciente que tuvieses almacenada. El sistema operativo *Windows* cuenta con una herramienta para hacer estas copias en **Inicio → Actualización y seguridad → Copia de seguridad de archivos**, aunque también puedes realizar estas copias en un disco duro externo, un servidor o incluso en el espacio de almacenamiento que tengas contratado (o gratuito) en la nube.

VÍDEO

Puedes conocer un poco más sobre la gestión de archivos y documentos en el siguiente vídeo. Accede desde aquí.

https://redirectoronline.com/ifcd290102

6. Redes

👉 HILO CONDUCTOR

Ángeles escucha hablar de redes y, más allá de internet, no se le ocurre a qué otra red podría pertenecer o acceder. Hay muchos conceptos relacionados con el uso de redes que querría conocer para decidir si le sería útil aplicarlos y, sobre todo, para estar al día en cuanto a los avances tecnológicos.

En la era digital, las redes de comunicación son el corazón de la conectividad global, permitiendo la transferencia de datos, la comunicación instantánea y el acceso a la información en tiempo real. Para comprender a fondo cómo estas redes facilitan nuestras actividades cotidianas en línea, es fundamental explorar los conceptos básicos de redes y el acceso a ellas.

📎 DEFINICIÓN

Red de computadoras

Es un conjunto de dispositivos conectados entre sí para compartir recursos e intercambiar datos. Los componentes básicos de una red incluyen computadoras, rúteres, *switches*, servidores, cables, protocolos y *software* especializado. Estas conexiones pueden ser físicas, utilizando cables de cobre o fibra óptica, o inalámbricas, mediante señales de radio.

Existen distintos tipos de redes diseñadas para un determinado tipo de comunicación o intercambio de datos. Así, los tipos de red más habituales en nuestro día son los siguientes:

Redes de área personal (PAN)
- Están diseñadas para la comunicación entre dispositivos personales, como teléfonos móviles, laptops y tabletas, en un rango muy limitado, generalmente no más de unos pocos metros. Bluetooth y USB son tecnologías comunes en PAN.

Continúa en página siguiente >>

<< Viene de página anterior

Redes de área local (LAN)
- Conectan dispositivos dentro de un área delimitada, como una oficina, un edificio o un campus universitario. Las LAN suelen emplear la tecnología Ethernet y proporcionan una conectividad rápida y eficiente. Suelen ser gestionadas por una organización interna que se encarga de su seguridad y mantenimiento.

Redes de área local inalámbrica (WLAN)
- Permiten conexiones de red a través de una infraestructura inalámbrica. A menudo utilizadas en hogares y oficinas, las WLAN utilizan estándares como wifi para la transmisión de datos por el aire dentro de un área local.

6.1. Elementos que componen una red

Como se ha comentado anteriormente, esta conexión entre equipos puede ser física, gracias a los siguientes elementos que conectan, o puede ser algo más abstracta:

- **Switches** y **hubs.** Los *switches* son dispositivos que conectan múltiples dispositivos en una red local, dirigiendo la comunicación entre ellos de manera eficiente. Los *hubs,* en cambio, envían datos a todos los dispositivos conectados, lo que no es tan eficiente como el *switch,* pero es más simple y menos costoso.
- **Rúteres.** Son dispositivos que conectan dos o más redes diferentes, permitiendo que los datos fluyan entre ellos. Los *rúteres* determinan la mejor ruta para los datos hacia su destino.
- **Firewalls.** Sirven para proteger las redes de accesos no autorizados y ataques cibernéticos, controlando el tráfico de datos que entra y sale de una red según un conjunto definido de reglas de seguridad.
- **Cables y conectores.** Son los medios físicos por los que se transmiten los datos. Los cables Ethernet son comunes en las LAN, mientras que las fibras ópticas son preferidas para las MAN y las WAN, debido a su capacidad de alta velocidad y transmisión a largas distancias.
- **Servidores.** Almacenan, procesan y distribuyen datos y aplicaciones a otros dispositivos de la red. Mientras que cualquier computadora puede actuar como un servidor, los servidores dedicados suelen tener configuraciones especializadas para manejar mayores cargas y ofrecer una alta disponibilidad de recursos.

6.2. Protocolos de red

Para que la transmisión de datos dentro de una red sea efectiva, además de estar conectados de algún modo, los dispositivos deben seguir unas reglas comunes llamadas protocolos.

 **NOTA**

Es posible que te suenen algunos nombres como TCP/IP *(Transmission Control Protocol/Internet Protocol)*, HTTP/HTTPS *(Hypertext Transfer Protocol/Secure)*, FTP (File Transfer Protocol), *SMTP (Simple Mail Transfer Protocol)* o DNS *(Domain Name System)*, aunque a efectos prácticos, lo que debes saber es que estas reglas permiten a los dispositivos identificarse y conectarse para el traspaso de información.

6.3. Conexión a las redes

El acceso a la red que más conoces, internet, y a otras redes se puede realizar de diversas formas. El hecho de elegir una u otra forma de conexión vendrá determinado por distintos factores como disponibilidad geográfica, coste económico, velocidad y calidad necesarias, o seguridad. Probablemente te suenan todos estos métodos de conexión simplemente por haber contratado para tu domicilio alguna forma de conexión. Puedes saber más sobre ellos aquí:

- ➲ **Banda ancha.** Un término amplio para describir el acceso rápido a internet. Incluye conexiones ADSL, cable, fibra óptica y satélite. La banda ancha ofrece una conexión continua sin la necesidad de marcar cada vez que se desea navegar.
- ➲ **Wifi.** Tecnología que permite conectar dispositivos a un punto de acceso inalámbrico, proporcionando acceso a internet o recursos de red sin la necesidad de cables físicos. Es común en hogares, oficinas y espacios públicos como cafeterías y aeropuertos.
- ➲ **Móvil.** Los dispositivos móviles se conectan a internet a través de redes celulares (3G, 4G, 5G), facilitando el acceso a la red en movimiento. Esta tecnología es crucial para los usuarios que requieren conectar sus dispositivos desde múltiples ubicaciones geográficas.

- ⦾ **Fibra óptica.** Ofrece velocidades de transmisión de datos extremadamente altas a través de cables que utilizan pulsos de luz. Aunque la instalación inicial puede ser costosa, la fibra óptica proporciona un acceso a internet muy rápido y de baja latencia.
- ⦾ **Conexión DSL.** Utiliza líneas telefónicas existentes para ofrecer acceso a internet. Aunque no es tan rápida como la fibra óptica o el cable, la DSL es más asequible y ampliamente disponible.

7. Seguridad y bienestar

 HILO CONDUCTOR

Ángeles está bastante positiva por el hecho de poder defenderse con conceptos de redes y conexiones, y en manejarse en su equipo informático y hacerlo de forma ordenada. Pero hay un tema que le preocupa y es la seguridad. A menudo le llegan noticias de fraudes, de virus informáticos, e incluso de personas que tienen adicción a internet. Quiere saber un poco más qué hay de cierto en todo esto y, sobre todo, cómo protegerse y proteger su equipo.

En la era digital en la que vivimos, la seguridad y el bienestar en el uso de la tecnología han adquirido una importancia primordial. Todo supone muchísimo avance, siempre con novedades tecnológicas y todo multiplicado por una red global en contacto con todos los países. Por tanto, será importante proteger la información personal y el equipo, pero también estar alerta ante posibles riesgos nuevos que aparezcan.

También es muy importante el efecto de las nuevas tecnologías, la necesidad de estar siempre conectados, el tiempo que se consume según qué tipo de contenido, etc., y cómo esto puede llegar a afectar a la salud e incluso al medioambiente.

7.1. Protección de información y equipo

Para proteger nuestro equipo y nuestra información debemos hacer un uso responsable, que puede ir desde establecer contraseñas para el acceso o para determinadas operaciones hasta confiar y tener actualizadas las herramientas de protección con las que cuenta el sistema operativo o puedes instalar.

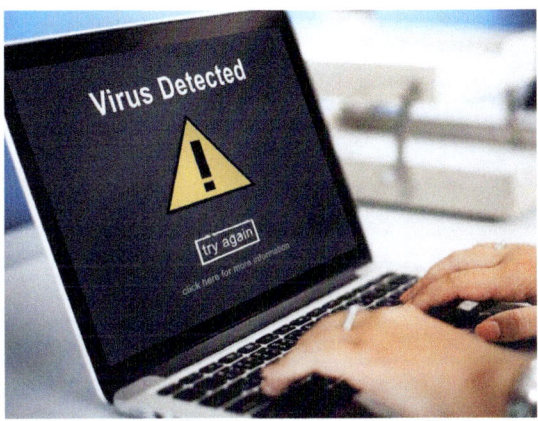

Virus informático

Malware

Las amenazas informáticas que pueden infiltrarse en los equipos y causar daños en el propio sistema o robar información se denominan **malware,** que viene de los términos *malicious software.* Las formas más comunes en que pueden propagarse son mediante correo electrónico, dispositivos de almacenamiento externo que conectas a tu equipo, páginas web o descargas de aplicaciones de dudosa seguridad, etc. El *malware* hace referencia a distintas amenazas, algunas de ellas son las siguientes:

Virus	- Es un tipo de *malware* que busca alterar el funcionamiento del equipo o dispositivo. Infecta un fichero y se propaga, pero necesita al usuario para ponerlo en marcha, con lo que hay que ser cuidadosos a la hora de abrir correos o archivos adjuntos que sean *a priori* extraños, o de no descargar contenido de sitios que no den confianza.
Gusano	- Este *malware* en principio no inutiliza el equipo, solo hace que vaya más lento. Pero lo peor es que está accediendo a tus direcciones y es fácil que pueda propagarse a otros usuarios. No necesita que lo activemos para empezar a funcionar.

Continúa en página siguiente >>

<< *Viene de página anterior*

Troyano	- *A priori*, este tipo de *malware* no levantan sospechas y su único cometido es adentrarse en el sistema y abrir una puerta que permite a otro tipo de *malware* con peor intención acceder a él.
Spyware	- Este tipo de *malware* va directo a la información que almacenas en tu equipo y la va recopilando sin que te des cuenta.
Ransomware	- Este *malware* cifra los archivos de forma que no puedes acceder a ellos a no ser que pagues un rescate.

Existen algunas recomendaciones o buenas prácticas para protegernos en lo posible de estos ataques. Además de tener un antivirus instalado y actualizado, debemos ser cuidadosos a la hora de descargar *software,* de abrir archivos que nos envíen por correo o de hacer clic en enlaces de dudosa procedencia o que nos parezcan raros. Y, sobre todo, es recomendable realizar copias de seguridad de tus datos importantes con cierta frecuencia, para poder recuperar aquello que necesites si finalmente eres víctima de uno de estos ataques.

 PARA SABER MÁS

Puedes conocer un poco más este virus y las demás amenazas que existen en la actualidad (aunque esto puede cambiar casi a diario) en el siguiente artículo. Accede desde aquí.

https://redirectoronline.com/ifcd290103

Ingeniería social

Puede que hayas oído este concepto alguna vez. Es otro de los riesgos a los que estamos expuestos, que no debe darnos miedo, pero sí debe tenernos alertas para estar prevenidos.

 DEFINICIÓN

Ingeniería social
Es la práctica ilegítima de obtener información a través de la manipulación de usuarios que sí somos legítimos. De diversas formas, podrían llegar a acceder a nuestros equipos obteniendo de nosotros mismos la información o permisos, o incluso llegar a suplantarnos la identidad. Básicamente, esta ingeniería social es un ataque basado en aprovechar nuestras debilidades y engañarnos como usuarios y, normalmente, está encaminado a producir fraudes.

El ataque más habitual de ingeniería social se conoce como *phishing*. Este no es más que el envío de correos suplantando la identidad de compañías, organismos, bancos, etc., que solicitan información confidencial al usuario. Normalmente, se presenta a través de un enlace en el que te animan a hacer clic y una serie de datos que te piden introducir. Los estarías introduciendo en una web fraudulenta.

Estos ciberataques pueden llegarte por correo electrónico, mensaje SMS, audio de *WhatsApp* o incluso a través de una búsqueda en un buscador de internet.

 IMPORTANTE

A priori, estos correos son engañosos, te llaman por tu nombre, contienen logotipos de la entidad, etc., pero es muy importante que sepas que los bancos, por ejemplo, nunca te pedirán que introduzcas ciertos datos en una web. Es mejor no hacer nada en caso de duda y llamar a la entidad para pedir más información.

7.2. Salud

Estas tecnologías mal utilizadas o utilizadas en exceso pueden crear cierta adicción, lo cual se puede llegar a convertir en un problema serio para la salud. Además, también puede acarrear problemas físicos llegados a un extremo. Puedes saber un poco más sobre cómo influye en nuestra salud aquí:

Salud física	Salud mental

- La ergonomía juega un papel crucial para prevenir molestias y lesiones físicas. Posicionar el monitor a la altura de los ojos, usar sillas adecuadas y detectar períodos regulares de descanso son estrategias eficaces. También se recomienda realizar pausas activas que incluyan estiramientos para reducir la fatiga. Algunas de las patologías más habituales son:
  - Lesiones musculares.
  - Fatiga visual.
  - Túnel carpiano.
	- La desconexión digital es un concepto que se promueve cada vez más, dado el impacto de la tecnología en la salud mental. Establecer límites en el tiempo de uso de los dispositivos y fomentar actividades sociales fuera de línea son medidas que contribuyen al bienestar mental. Algunos de los trastornos más habituales son:
	  - Trastorno de sueño.
	  - Ansiedad o síndrome de abstinencia.
	  - Baja autoestima por comparación a lo que se ve en las redes.

Otros riesgos a los que estamos expuestos con el uso de las redes y, más concretamente, con el uso de las redes sociales son la exposición de datos personales, los mensajes ofensivos, la pérdida de privacidad o el acoso. Siempre hay que estar muy atento para que esto no ocurra y, sobre todo, que no ocurra a menores si los tenemos cerca.

 PARA SABER MÁS

Puedes saber un poco más sobre ciberacoso en el siguiente enlace. Accede desde aquí.

Continúa en página siguiente >>

<< Viene de página anterior

https://redirectoronline.com/ifcd290104

7.3. Cómputo verde

El cómputo verde o *Green Computing* (o *Green IT*) se refiere al uso eficiente y sostenible de las tecnologías de la información. Esta idea abarca desde la fabricación de estas hasta el uso último por parte del consumidor. De manera genérica, esto se traduce en algunas prácticas como las siguientes:

- **Bajar las emisiones e incentivar prácticas sostenibles en la producción.** Reducir la emisión de gases de efecto invernadero y la huella de carbono de estos dispositivos; mejorar el ahorro energético, que también es un ahorro económico en la producción; y utilizar fuentes de energía alternativas en la reducción de residuos.
- **Aumentar la durabilidad de los equipos.** Evitar la obsolescencia programada, evitar que los equipos sean desechados de forma prematura, que se revierte en reducir los residuos tecnológicos.
- **Reciclar y eliminar de forma segura los equipos después de su vida útil.** Evitar que queden sustancias tóxicas en los vertederos e incentivar la reutilización de componentes que reduzcan el impacto ambiental.
- **Gestionar el consumo de energía.** Se trata de adoptar técnicas que disminuyan el consumo de los equipos.

Más concretamente, a nivel de usuario último, también podemos llevar a cabo esta práctica verde. No debemos desechar equipos simplemente por capricho de uno nuevo; si nos deshacemos de ellos, debemos asegurarnos de llevarlos al lugar correcto para su reciclaje o incluso fomentar su reutilización.

En cuanto al consumo energético, no debemos dejar los equipos en *standby* o innecesariamente encendidos, y a la hora de adquirirlos nuevos, debemos comprar aquellos que tienen mejor eficiencia energética. En definitiva, se trata también de adaptar nuestra mentalidad para este uso más sostenible de recursos, al igual que lo hacemos en otros ámbitos.

Ordenador en standby

8. Resumen

La informática y las tecnologías de la información han revolucionado la manera en la que vivimos, trabajamos y nos comunicamos. Con el avance continuo y el ritmo acelerado al que surgen nuevas tecnologías, es fundamental poseer un conocimiento sólido de los fundamentos de la computación para navegar eficazmente en este entorno digital y manejar elementos básicos de manera segura y efectiva.

Este conocimiento básico pasa por saber de qué se compone un equipo informático o dispositivo y por conocer su interfaz para poder interactuar con él y realizar diferentes tipos de tareas. Además, para que el trabajo con equipos informáticos sea ordenado y eficiente, hay que saber cómo se organiza la información, los archivos y las carpetas, y cómo puede navegarse entre ellas para localizar documentos.

Una de las motivaciones principales del uso de un equipo informático puede ser el trabajo con textos y la impresión de estos. Se dan algunas claves para hacer documentos coherentes en cuanto a estructura, pero también en cuanto a diseño y algunas directrices para su impresión, intentando siempre pensar en medidas sostenibles.

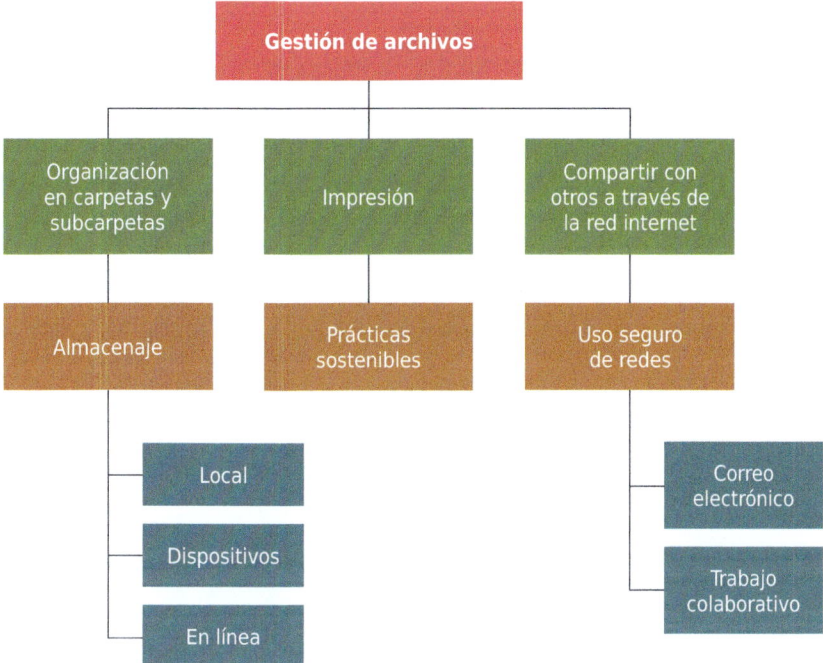

Por último, también es importante saber qué tipos de redes existen, qué tipos de conexiones tenemos a nuestro alcance, qué elementos las componen y cómo podemos protegernos de posibles riesgos que tienen aparejados. Además de riesgos de tipo fraudulento, hemos de ser cuidadosos también para que un uso excesivo no afecte a nuestra salud física o mental, y tener especial cuidado con el acoso en internet, especialmente de los menores.

Ejercicios de autoevaluación
Unidad de Aprendizaje 1

1. ¿Cómo se llama el grupo de herramientas que permiten corregir la ortografía en un texto?

    a. De colaboración
    b. De impresión
    c. De revisión
    d. De edición

2. ¿En qué parte del escritorio es posible ver la fecha y la hora?

    a. En la barra de tareas.
    b. En el área de notificaciones.
    c. Entre los iconos del fondo de escritorio.
    d. No se muestra este dato en el equipo.

3. ¿En qué parte de un documento escribirías una visión general del tema del que trata como avance?

    a. Introducción
    b. Encabezado
    c. Cuerpo de texto
    d. Conclusión

4. ¿Dónde hay que hacer clic para poder mover una ventana?

    a. En la "X" de arriba a la izquierda.
    b. En la zona del nombre de la ventana.
    c. En los bordes de la ventana.
    d. No puede moverse una ventana, solo cerrarla o minimizarla.

5. Relaciona cada extensión de archivo con el tipo de archivo al que corresponde:

    a. .docx
    b. .png

c. .mp3
d. .mp4

_ vídeo
_ imagen
_ texto (archivo de *Word*)
_ música

6. **Determina si la siguiente oración es verdadera o falsa: "El *hardware* son los programas que instalamos en el equipo informático".**

   ■ Verdadero
   ■ Falso

7. **¿Qué tipos de almacenamiento existen para nuestros archivos?**

   a. En nuestro equipo informático.
   b. En un disco duro externo.
   c. En la nube.
   d. Todas las opciones son correctas.

8. **¿Cómo se denomina el tipo de conexión que permite conectar dispositivos sin necesidad de cables físicos?**

   a. Banda ancha
   b. Wifi
   c. *Switch*
   d. Fibra óptica

9. **Determina si la siguiente oración es verdadera o falsa: "El *software* libre y de código abierto solo permite el acceso libre a programadores que lo adapten a sus necesidades".**

   ■ Verdadero
   ■ Falso

10. **Determina si la siguiente oración es verdadera o falsa: "Es posible imprimir solo algunas páginas concretas de un documento y no todas".**

  ■ Verdadero
  ■ Falso

Conocimientos fundamentales de aplicaciones en línea

Contenido

1. Introducción
2. Conceptos de navegación por la web: conceptos clave, protección y seguridad
3. Búsqueda por la web: uso del buscador web, herramientas y configuración, favoritos, resultados en la web
4. Información basada en la web: búsqueda, evaluación crítica, derechos de autor y protección de datos
5. Conceptos de comunicación: comunidades en línea, herramientas de comunicación, conceptos de correo electrónico
6. Uso de correo electrónico: enviar correo electrónico, recibir correo electrónico, organización de correos electrónicos
7. Uso de calendarios
8. Resumen

Objetivos

El objetivo general de esta Unidad de Aprendizaje es:

→ Navegar eficazmente por la web para la obtención de información, la comunicación en línea y el correo electrónico.

Los objetivos específicos de esta Unidad de Aprendizaje son:

→ Saber qué es un navegador web.

→ Acotar resultados de la búsqueda.

→ Detectar posibles peligros de la red y cómo protegerse de ellos.

→ Diferenciar contenidos de calidad, veraces y fiables.

→ Conocer las licencias de uso de contenido digital.

→ Saber los fundamentos del correo electrónico.

→ Trabajar con calendarios digitales.

1. Introducción

En la era digital en la que vivimos, las aplicaciones en línea han transformado la manera en que interactuamos con el resto del mundo. Desde el simple acto de navegar por la web hasta el envío de correos electrónicos o la gestión de un calendario de reuniones de la comunidad de vecinos, todos los aspectos de la vida cotidiana se ven influenciados por estas herramientas tecnológicas.

Es importante saber que existen, saber manejarlas y, sobre todo, saber manejarlas de un modo eficiente y seguro. De igual modo que podemos llegar a encontrar información del punto opuesto del planeta, también pueden encontrarnos a nosotros, y es fundamental preservar nuestra intimidad y proteger nuestros datos.

También hay que ser muy consciente de la autoría del contenido de la red, tanto para tenerlo en cuenta a la hora de valorar la veracidad o fiabilidad del contenido en sí como a la hora de reproducirlo o utilizarlo con los derechos de autor y sus licencias de uso.

Dentro de estas múltiples herramientas, podrán usarse para fines personales o domésticos y para entornos laborales o educativos. Este último es el caso de Ángeles, que se enfrenta al uso de este tipo de herramientas para encontrar información para sus proyectos académicos como al uso de herramientas de trabajo colaborativo con otros compañeros.

2. Conceptos de navegación por la web: conceptos clave, protección y seguridad

 **HILO CONDUCTOR**

Ángeles se ha dado cuenta de que puede pasar horas en internet, horas navegando por la web. Es cierto que lo hace sin criterio la mayoría de las veces, lo cual hace que pierda un poquito el tiempo y la dirección de lo que buscaba o investigaba, pero también la expone a posibles peligros para su equipo y para ella. Quiere saber qué criterios debe seguir para hacer esta navegación más eficiente y segura.

La navegación por la web es una de las actividades más comunes en el uso diario de internet. No es más que ir de un sitio a otro en internet, haciendo clic en las distintas páginas con algún fin. Prácticamente para cualquier uso, sea formativo, laboral, de ocio o incluso la consulta del pronóstico del tiempo, se hace navegando por la web. Internet es muy extenso y es importante saber navegar correctamente, es decir, hacerlo con seguridad y debidamente protegido.

Navegar por la web

Es importante conocer los posibles peligros y hacer un uso responsable que, como ya se ha comentado, permitirá la durabilidad de nuestros equipos informáticos, evitando posibles ataques que afecten a su sistema, así como nuestra salud mental, evitando posibles situaciones incómodas, posibles fraudes, etc.

2.1. Conceptos clave de la navegación por la web

Existen algunos conceptos que deben tenerse claros a la hora de navegar por la web, empezando por saber a qué se llama web, red o *World Wide Web*.

 **DEFINICIÓN**

World Wide Web
También llamada la web, la red o conocida como WWW, es una red extensísima de alcance mundial donde todo el contenido está relacionado e interconectado entre sí y a la que puedes acceder con conexión a internet y un navegador web.

Para acceder a la información de la *World Wide Web*, debemos usar un **navegador web.** Esto no es más que un programa o aplicación que nos permite ver la información que contiene una página web. Se abre en una ventana que podrás minimizar, maximizar y cerrar, y los más conocidos son *Google Chrome, Mozilla Firefox, Microsoft Edge* y *Safari,* cada uno con sus particulares características y compatibilidades.

Tu sistema operativo trae por defecto un navegador instalado. Probablemente, si usas *Windows,* este navegador será *Microsoft Edge,* y si usas *Mac,* será *Safari.* Puedes instalar otros navegadores a los que estés acostumbrado, te resulten más fáciles o intuitivos, o que tengan las características concretas que más se ajusten a tus necesidades o que te puedan gustar.

 **VÍDEO**

Puedes conocer los navegadores más utilizados y la razón en el siguiente vídeo. Accede desde aquí.

https://redirectoronline.com/ifcd290201

La navegación se produce de una página a otra. Cada página tiene una dirección para llegar a ella, conocida como URL *(uniform resource locator).* Esta dirección se ve en la parte superior de la ventana del navegador y, una vez que se introduce, puede visitarse ese recurso o página.

Puedes escribir directamente la dirección URL de un sitio que quieres visitar en dicha barra superior y hacer clic en [enter] para que se apunte a dicha página y se acceda a ella en breves instantes.

| eltiempo.es | ☆ | ▢ |

URL en la parte superior de la ventana

 **PARA SABER MÁS**

En la propia estructura de la URL que puedes leer en la parte superior, puedes identificar de dónde proviene la información y si te proporciona seguridad para acceder a ella, realizar compras, etc. Puedes saber más accediendo desde aquí.

https://redirectoronline.com/ifcd290202

Si no sabes la dirección exacta de un sitio que quieres visitar o simplemente quieres buscar contenidos relacionados con algún concepto, puedes usar un buscador para hacerlo. Algunos de los motores de búsqueda más conocidos son *Google, Bing* o *Yahoo*.

Logotipos de los principales navegadores

 **DEFINICIÓN**

Cookies
Son fragmentos de datos que los sitios web almacenan en nuestros navegadores para recordar nuestras preferencias. Son muy prácticas porque nos permiten guardar contraseñas de acceso, por ejemplo, iniciar sesión de forma automática, etc. De igual modo que son muy útiles, hay que ser cuidadoso con su uso por temas de privacidad.

Por último, la forma en que las páginas se relacionan entre sí, bien dentro del mismo sitio web (llevándote a otra sección del mismo sitio), bien a otro sitio externo, se denominan enlaces. Estos enlaces entre ellas facilitan la navegación directamente desde ellos, sin tener que abrir una nueva ventana y realizar de cero una nueva búsqueda en el navegador.

2.2. Protección en la navegación por la web

Tal y como se ha comentado, la web es infinita y en esa amplitud es complicadísimo alcanzar o controlar todo. Por eso, lo más importante de su uso es hacerlo con precaución para evitar riesgos. Algunas recomendaciones de seguridad son:

- **Mantener el navegador actualizado.** Las actualizaciones suelen incluir protección para nuevas amenazas que van apareciendo.
- **Configurar las opciones de privacidad del navegador.** Desactivar *cookies* de terceros y activar bloqueadores de anuncios puede reducir la exposición a rastreadores externos no deseados.
- **Preferir sitios HTTPS.** También conocido como *Hypertext Transfer Protocol Secure,* garantiza la conexión segura mediante el uso de cifrado. Si miras en la parte superior de la ventana del navegador, al inicio de la URL de la página, debe aparecer HTTPS en vez de HTTP, sobre todo cuando quieras realizar operaciones bancarias y otros temas sensibles o delicados.
- **Gestión segura de contraseñas.** Es muy recomendable el uso de contraseñas fuertes y únicas, que no sean fáciles de intuir o que no sean secuencias sencillas. A veces, algunas páginas, además de la contraseña, necesitan también un segundo factor enviando un código a nuestro teléfono móvil, por ejemplo.
- **Tener activados *firewalls* y antivirus.** Estas aplicaciones ayudan a detectar y neutralizar *software* malicioso que podría afectar nuestro dispositivo y también a protegernos de accesos no autorizados. Es importante también tenerlas actualizadas.
- **Ser consciente y escéptico ante peticiones de información.** Existen algunas amenazas como el *phishing* que son engaños para que el usuario introduzca información personal a través de sitios falsos o enlaces en correos electrónico. Está en nuestra mano ser cautelosos y no fiarnos de esta petición de datos o de páginas o enlaces que nos parezcan extraños.

2.3. Seguridad en la navegación por la web

Está a la orden del día la ciberdelincuencia, en la que cada vez se usan métodos más sofisticados para obtener acceso a nuestros datos personales. Ya se ha hablado antes de los virus y el *malware,* que están específicamente diseñados para infectar y dañar nuestros sistemas informáticos. Contra esto, también es eficaz tener instalados y actualizados los *softwares* antivirus y analizarlos de manera regular.

Contra la ciberdelincuencia está **la ciberseguridad,** y es muy importante la educación en esta materia para hacer un uso responsable, conocer los peligros y estar al día de las nuevas estafas digitales o comportamientos sospechosos que debemos identificar.

Concepto de ciberseguridad

 **IMPORTANTE**

Debemos proteger nuestra identidad digital, saber qué cantidad y con quién, y en qué espacio se comparte información personal. Las redes sociales son un área especialmente vulnerable para esta privacidad.

El uso de internet abre muchísimas puertas y tiene muchísimas cosas positivas, así que no se trata de utilizar con miedo la red. Es más bien una concienciación para tener precaución y establecer medidas de seguridad para protegernos.

3. Búsqueda por la web: uso del buscador web, herramientas y configuración, favoritos, resultados en la web

☞ **HILO CONDUCTOR**

Ángeles no deja de pensar en la cantidad de información que puede encontrar para su próximo proyecto académico. Sabe que, simplemente introduciendo un término de búsqueda, puede encontrar infinitas webs que le aporten datos. Le preocupa perder mucho tiempo en encontrar concretamente lo que busca y encontrar fuentes que no sean fiables o datos incorrectos.

Como ya se comentó anteriormente, una vez que estás en un navegador web y te dispones a acceder a algunas páginas, puedes hacerlo introduciendo directamente la dirección en la barra superior de la ventana o bien hacer una búsqueda más o menos acotada en un buscador.

Es importante que estés preparado para la cantidad de información que recibirás de vuelta al iniciar una búsqueda. Debes saber que podrás realizar filtros por diversas características para acotar resultados o que no toda la información de la web es veraz. Deberás hacer búsquedas lo más eficaces posibles y poner en práctica tu capacidad crítica para escoger o creer información.

3.1. Uso de buscador web

Los buscadores web son herramientas que nos permiten encontrar información en línea de manera rápida y específica. Su funcionamiento se basa en algoritmos complejos que indexan y clasifican páginas web para ofrecernos resultados.

Probablemente, el buscador que más te suene sea *Google,* pero existen también otros muy populares, como *Bing* y *Yahoo.* Algunas claves para hacer una búsqueda eficaz son:

⊃ **Usa palabras clave y precisas.** En lugar de escribir frases completas, escribe solo las palabras significativas que describan mejor lo que estás buscando. En lugar de buscar, por ejemplo, "cuáles son los mejores métodos para aprender piano", puedes escribir "mejores métodos aprendizaje piano".

⟐ **Escoge el tipo de resultado.** Los buscadores no solo se limitan a texto. Podemos encontrar imágenes y vídeos relevantes utilizando las pestañas específicas en los buscadores. También puedes buscar solo noticias, por ejemplo.

⟐ **Utiliza filtros.** Restringe la búsqueda por idioma, fecha, tipo de archivo, ubicación del sitio y algunas otras opciones. Esto puede mejorar significativamente la calidad de los resultados.

⟐ **Utiliza operadores lógicos.** Utiliza comillas (""), por ejemplo, para buscar frases exactas; utiliza AND entre términos de búsqueda para buscar resultados que tengan más de un término de búsqueda exacto, o utiliza guion (-) para que no incluya los términos que escribas a continuación entre los resultados.

 TAREA 3

En una de las asignaturas, Ángeles debe recabar información sobre la aparición reciente del pez diablo. Como supone, hay muchísimos resultados al respecto al introducir los términos "pez diablo negro", y no todos dan tanta información como al final se ha podido conocer. Ayuda a Ángeles a restringir estos resultados para obtener su tamaño, el nombre del fotógrafo que hizo el vídeo viral y el lugar donde se ha realizado una exposición sobre el pez.

- -

3.2. Herramientas y configuración

Existen algunas herramientas que pueden hacer más sencilla, más eficaz o más segura la búsqueda. Puedes conocer algunas de estas herramientas a continuación:

> **Búsqueda por voz**
> - Permite realizar búsquedas a través de comandos de voz, lo que es especialmente útil en dispositivos móviles o cuando se necesita realizar una búsqueda con manos libres, y lo hace accesible.

Continúa en página siguiente >>

<< Viene de página anterior

Traducción instantánea
- Algunos buscadores ofrecen herramientas de traducción directa en los resultados de búsqueda, lo que ayuda a acceder a información en diferentes idiomas.

Búsqueda segura
- Se trata de establecer una configuración que permita filtrar contenido explícito y mantener una experiencia de búsqueda adecuada en entornos familiares o educativos.

Alertas de búsqueda
- Puedes configurar alertas que envían notificaciones cuando aparece nueva información relativa a un tema específico. Esto es muy útil para estar al tanto de las últimas novedades o investigaciones en un campo particular.

Icono para iniciar la búsqueda por voz en Google

También para hacer más eficaces las búsquedas, es importante tenerlo configurado adecuadamente. Es decir, haberle dado la información necesaria sobre la preferencia de idioma, la región donde te encuentras e incluso darle acceso al historial de búsqueda, que nos permitirá volver a sitios que ya hemos visitado.

DEFINICIÓN

Historial de búsqueda

Es un archivo donde se guarda el registro de las páginas que visitas en el navegador. Cada navegador tendrá su historial independiente, puede ser eliminado y cuando empiezas a escribir las primeras letras de una URL, el navegador será capaz de sugerirte otras gracias a las visitas que has realizado previamente.

También puedes usarlo para saber a qué sitios se ha accedido desde un equipo en un entorno académico o de menores en casa. Y es importante que lo elimines al terminar si realizas búsquedas desde un ordenador público o compartido.

Puedes modificar la configuración de un buscador, por ejemplo, de *Google,* haciendo clic en **Configuración** en la parte inferior derecha de la ventana y en **Configuración de la búsqueda.** Cambia los parámetros que necesites. También puedes escoger **Historial de búsqueda** para consultarlo o eliminarlo.

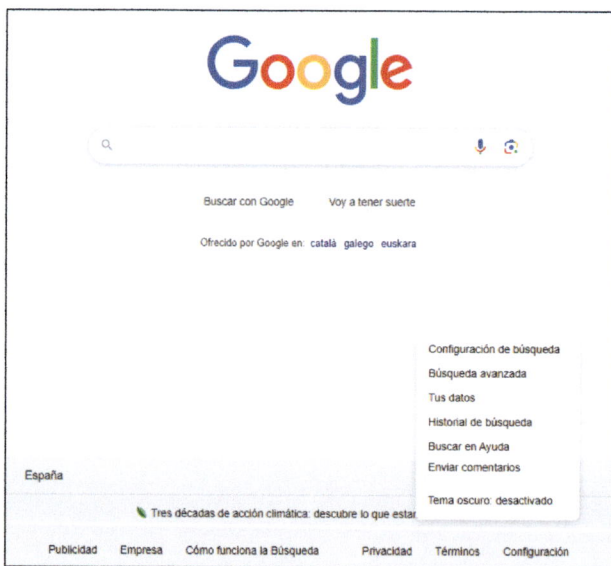

Configuración de búsqueda en Google

3.3. Favoritos

El uso de favoritos, también conocidos como **marcadores,** te permite acceder de forma más rápida a sitios importantes o que frecuentes mucho. Puedes marcar las páginas que desees como favoritos haciendo clic en el icono de la estrella de la parte derecha de la barra de navegación. Es fácil que marques demasiados favoritos y que, al final, tengas tanta desorganización que será más complicado o menos fluido su uso y perderá su intencionalidad. Algunas recomendaciones para hacer un buen uso de los marcadores son:

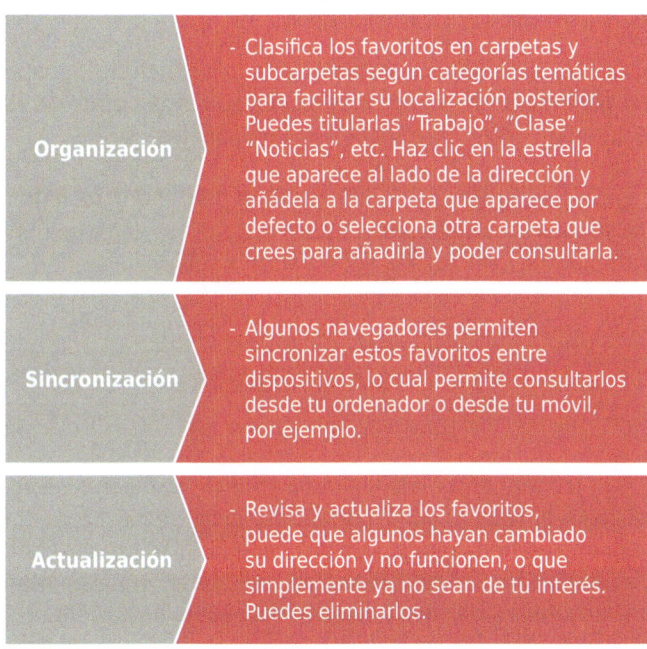

Organización
- Clasifica los favoritos en carpetas y subcarpetas según categorías temáticas para facilitar su localización posterior. Puedes titularlas "Trabajo", "Clase", "Noticias", etc. Haz clic en la estrella que aparece al lado de la dirección y añádela a la carpeta que aparece por defecto o selecciona otra carpeta que crees para añadirla y poder consultarla.

Sincronización
- Algunos navegadores permiten sincronizar estos favoritos entre dispositivos, lo cual permite consultarlos desde tu ordenador o desde tu móvil, por ejemplo.

Actualización
- Revisa y actualiza los favoritos, puede que algunos hayan cambiado su dirección y no funcionen, o que simplemente ya no sean de tu interés. Puedes eliminarlos.

3.4. Resultados en la web

Como ya se ha comentado antes, internet es infinito y también pueden serlo los resultados de determinadas búsquedas. Además, un resultado puede llevarte a otro y este a otro más. Es importante saber entender los resultados, diferenciar los más o menos creíbles o serios, etc. De esta manera, evitarás cometer errores en el uso de determinada información o citas que realices, por ejemplo, en el ámbito académico. Algunas claves que tener en cuenta a la hora de ver la calidad de los resultados son:

- ⊃ **Vista previa.** Los buscadores suelen mostrar una vista previa con un fragmento clave de su contenido. Una lectura rápida puede ayudarte a determinar rápidamente si tiene la información que necesitas.
- ⊃ **Métricas de calidad.** Existen algunos valores que debes mirar para identificar contenido fiable y actualizado, como la fecha de publicación, la autoría del dominio y las etiquetas de títulos.
- ⊃ **Resaltado de palabras clave.** Resaltan palabras clave en las descripciones de resultados, llamando nuestra atención sobre los términos que hemos buscado y aumentando la confiabilidad del enlace propuesto.
- ⊃ **Reconocer enlaces patrocinados.** Es fundamental conocer la diferencia entre resultados orgánicos y patrocinados. Nos puede ayudar a comprender la calidad o la neutralidad de la información que consultamos.

Realizamos búsquedas para acceder a información de manera eficiente y están perfectamente integradas en nuestra vida cotidiana, tanto en el trabajo como en entornos educativos o personales.

Por eso es fundamental conocer técnicas para acotar resultados, para hacer las búsquedas más eficientes y para discriminar entre resultados buenos y menos buenos, o incluso falsos o menos fiables.

 ## ACTIVIDAD COMPLEMENTARIA

2. De la primera búsqueda realizada para el "pez diablo negro" sin filtrar resultados ni ordenar por importancia o fecha, se han obtenido algunos resultados que te mostramos. ¿En qué deberías fijarte para seleccionar el mejor resultado para utilizarlo en tu trabajo de clase? ¿Cuál aportaría información más rigurosa y objetiva a tu entender? ¿Cuál descartarías?

Valora las opciones e indica en qué te basarías para decidir.

- A.

> 360 Futuro 360 ✔
>
> **Muere el pez diablo negro tras inédito avistamiento en aguas superficiales: La trágica historia que sorprendió al mundo**
>
> El extraño hallazgo de este depredador abisal en la superficie sorprendió a los científicos, pero su muerte deja más interrogantes que respuestas.
>
> Hace 1 mes

Continúa en página siguiente >>

<< Viene de página anterior

- B.

ADN 40 ✓

Por primera vez, captan a pez diablo negro, especie que inspiró a personaje de 'Buscando a Nemo'

La ONG Condrik Tenerife compartió una publicación en la que dio información sobre el avistamiento del pez negro en aguas superficiales.

Hace 1 mes

- C.

National Geographic España
https://www.nationalgeographic.com.es › ... › Océanos   ⋮

Ni venenoso, ni aterrador: el diablo negro no es ... ✓

17 feb 2025 — La habilidad de permanecer completamente quieto sin hundirse en el agua del océano le permite también pasar por muerto ante posibles ...

- D.

Diario de Yucatán
https://www.yucatan.com.mx › mundo › 2025/02/07   ⋮

Pez diablo negro causa terror en la superficie del ... ✓

7 feb 2025 — **Un pez diablo negro aparece en la superficie del mar y sería el primer avistamiento, a plena luz del día, de este depredador de las ...**

4. Información basada en la web: búsqueda, evaluación crítica, derechos de autor y protección de datos

 HILO CONDUCTOR

Ángeles ha encontrado muchísima información en la web que quiere utilizar para su trabajo académico, pero tiene dudas tanto de la veracidad de alguna

Continúa en página siguiente >>

<< Viene de página anterior

información como de si puede o no utilizarla tal cual. Quiere saber algo más sobre el uso de los datos, los derechos de autor, etc.

La web es una gran fuente de datos y de contenido multimedia que, si se utiliza correctamente, puede ampliar nuestros conocimientos y ser un gran apoyo para nuestro aprendizaje. Sin embargo, esta abundancia de datos también requiere habilidades específicas para navegar, seleccionar y utilizar información de manera efectiva y ética.

Hay cuatro formas fundamentales de interactuar con la información basada en la web: hacer búsquedas efectivas, evaluación crítica, entendimiento de los derechos de autor y la protección de datos personales.

Evaluación crítica de la información de internet

4.1. Búsqueda

La búsqueda de información efectiva es el primer paso. No es lo mismo buscar información que hacerlo de forma efectiva. Se notará en los resultados. Antes se ha descrito cómo utilizar buscadores y filtros, y cómo configurar las búsquedas, pero ir un poco más allá es ver cómo evaluar críticamente la abundante información que encontramos.

Los operadores de búsqueda permiten hacer una búsqueda un poco más dirigida, también llamada búsqueda avanzada. Estos son los operadores booleanos, como AND, OR, y NOT, además de símbolos como comillas para búsquedas de frases exactas o el uso del asterisco como comodín, que ayudan a perfeccionar nuestras búsquedas.

 EJEMPLO

Puedes utilizar AND y NOT para incluir y excluir resultados en la búsqueda, lo cual facilita la elección de los resultados. Escribe "astronomía AND educación NOT secundaria" para obtener resultados relevantes de astronomía excluyendo aquellos centrados en la educación secundaria. Puedes usar OR para indicar dos condiciones de las cuales, si se cumple una u otra, ya sería válido.

4.2. Evaluación crítica

Una vez que se obtiene toda la información, hay que evaluar su validez y credibilidad. *A priori,* esto no es más que comprobar los siguientes datos:

- **Autoría.** Es importante saber identificar quién respalda la información que encuentras. Su nombre, pero también su trayectoria en el tema del que habla, su reputación, si es experto o pertenece a instituciones o cuenta con certificaciones en la materia, si es aficionado o si es *influencer.* Todo esto puede ayudarte a ver si está aportando información o si se trata de una opinión subjetiva sin fundamento. Ten en cuenta que un autor confiable lo muestra claramente, con sus datos de contacto o enlaces a sus trabajos o a su perfil profesional.
- **Fecha de publicación.** Esto es fundamental porque la información puede no estar vigente o no tener relevancia en la actualidad si ha pasado mucho tiempo desde su creación. Hay información que es actualizada a pesar de ser escrita hace mucho tiempo, esto puede ser una clave para ver la validez de sus datos. Siempre que veas una información más antigua en internet, intenta entender el contexto del momento en que se escribió para entenderla mejor.
- **Relevancia y objetividad.** Estas bases son útiles para la información de internet, pero también para cualquier información con el fin de conseguir datos equilibrados, no desvirtuados o exagerados o sesgados. Identificarla pasa por distinguir que esos datos no estén patrocinados

por alguna marca, por verificar alguna cifra o dato con otras fuentes, o que simplemente que por la forma en que están contados no parezcan juicios sensacionalistas.

La sobrecarga informativa que viene de la web debe pasar por un filtro crítico antes de ser utilizada, ya que es una gran cantidad de datos, noticias, opiniones, etc., que no siempre serán veraces o que, simplemente, no siempre respalden tus ideas o tus propias opiniones.

 CONSEJO

Siempre es recomendable consultar varias fuentes sobre la misma información y compararlas antes de elegir esa información, así como tener en cuenta la autoría y la fecha de publicación.

4.3. Derechos de autor y uso justo

Seguro que has oído hablar de los derechos de autor en diversos ámbitos y relacionados con muchos temas. En este caso, en el de la información obtenida de internet, ya sean textos, artículos, noticias, imágenes, etc., es importante entenderlo. No por poder acceder a gran cantidad de información de manera sencilla, ya que está publicado (hecho público) significa que puede utilizarse sin más, al igual que ocurre con las obras físicas.

 DEFINICIÓN

Derechos de autor
Son los derechos que un autor tiene sobre su creación. Estas creaciones pueden ser libros, películas, cuadros, música, etc., pero también lo son las publicaciones en internet. Tiene la exclusividad de reproducir copias exactas o derivadas, o de representar o mostrar esa obra de cualquier otro modo. Así, existe una ley que ampara estos derechos que es la Ley de Propiedad Intelectual.

Copyright

Sin embargo, es habitual ver que estos contenidos que encuentras en webs, blogs, redes sociales, etc., se comparten, se republican, etc. Debes saber que existen distintos tipos de licencias digitales que establecen las distintas condiciones en que se puede utilizar contenido de la web. Estos son permisos que los autores han definido para el uso de dicho material:

➲ *Copyright.* Esta es la licencia que más conocemos de otros contenidos no digitales.

- Todos los derechos reservados.
- Puede utilizarse para su reproducción, pero no para su distribución.
- Es necesario el permiso expreso del autor (y su pago).

➲ *Copyleft.* *A priori,* no existe más limitación para modificar o compartir este contenido, incluso para comercializarlo, siempre y cuando se nombre al autor.

- Algunos derechos reservados.
- Puede usarse siempre reconociendo los derechos del autor.

⊃ *Creative Commons*

- Los contenidos de webs y blogs habitualmente tienen este tipo de licencia.
- Permiten el uso citando la autoría y siempre en función del nivel de uso definido por el autor.

Los contenidos *Creative Commons* (CC) están directamente relacionados con el tipo de licencia *Copyleft,* permiten su uso siempre citando la autoría. La diferencia fundamental entre ambas es que en los CC existen seis tipos de licencia que definen exactamente el tipo de protección que el autor decide sobre cada contenido. Las definimos brevemente a continuación:

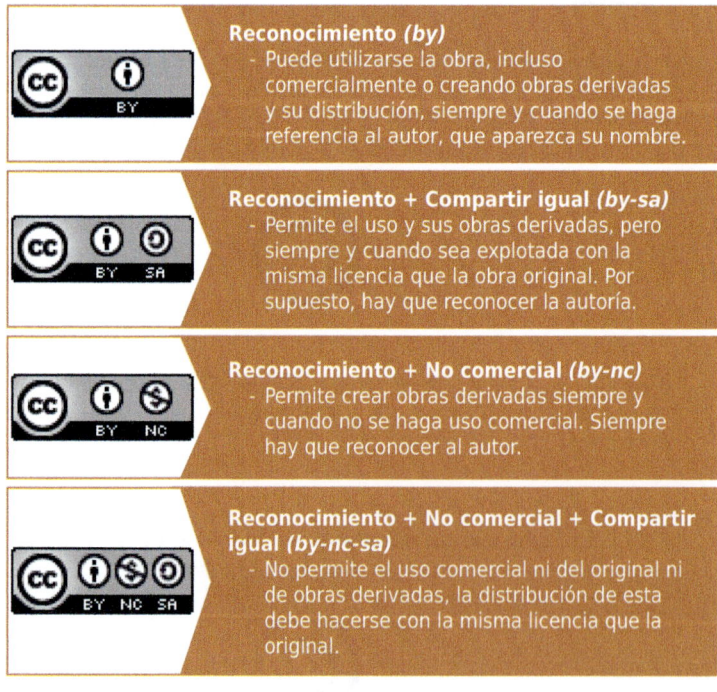

Reconocimiento *(by)*
- Puede utilizarse la obra, incluso comercialmente o creando obras derivadas y su distribución, siempre y cuando se haga referencia al autor, que aparezca su nombre.

Reconocimiento + Compartir igual *(by-sa)*
- Permite el uso y sus obras derivadas, pero siempre y cuando sea explotada con la misma licencia que la obra original. Por supuesto, hay que reconocer la autoría.

Reconocimiento + No comercial *(by-nc)*
- Permite crear obras derivadas siempre y cuando no se haga uso comercial. Siempre hay que reconocer al autor.

Reconocimiento + No comercial + Compartir igual *(by-nc-sa)*
- No permite el uso comercial ni del original ni de obras derivadas, la distribución de esta debe hacerse con la misma licencia que la original.

Continúa en página siguiente >>

<< Viene de página anterior

Reconocimiento + Sin obra derivada *(by-nd)*
- Puede hacerse uso comercial, pero no crear obras derivadas; es decir, que solo puede usarse en su formato original.

Reconocimiento + No comercial + Sin obra derivada *(by-nc-nd)*
- No puede hacerse uso comercial, tampoco crear obras derivadas. Es la licencia más restrictiva.

 PARA SABER MÁS

Puedes saber más sobre los derechos de autor específicamente en internet en el siguiente artículo:

https://redirectoronline.com/ifcd290200

 APLICACIÓN PRÁCTICA

Ángeles ha encontrado una foto en internet perfecta para la portada de un trabajo académico que tiene que entregar, pero tiene licencia CC BY-ND: Atribución No Derivadas y no sabe si puede utilizarla. Ayúdala a decidir si puede usarla y qué tipo de uso puede hacer.

Continúa en página siguiente >>

<< Viene de página anterior

Solución

Sí, podría utilizarla, pero nombrando al autor y sin modificar la foto.

4.4. Protección de datos

Tal y como ya se ha comentado anteriormente, el mundo de internet es muy amplio, así como abundante la información e interactuación con otros usuarios. Debemos estar protegidos, tanto para no dar crédito a información desactualizada, incorrecta, falsa, difamatoria o sensacionalista, como estar protegidos nosotros mismos. Así, es importante saber más sobre la protección de datos personales.

Las políticas de privacidad de los sitios web y las configuraciones de seguridad de nuestros navegadores permiten entender cómo se guardan y utilizan nuestros datos por terceros.

 CONSEJO

Debes siempre dar permiso para el uso de tus datos mediante la firma de algunas políticas que aparecen al registrarte en servicios o al darte de alta en sitios como redes sociales. Tómate unos minutos para leer antes de firmar, al menos para estar informado.

 PARA SABER MÁS

Puedes ampliar tus conocimientos sobre cómo proteger tus datos y tu privacidad en internet en el siguiente artículo. Accede desde aquí.

Continúa en página siguiente >>

<< Viene de página anterior

https://redirectoronline.com/ifcd290203

---

5. Conceptos de comunicación: comunidades en línea, herramientas de comunicación, conceptos de correo electrónico

☞ HILO CONDUCTOR

Una de las cosas que más llama la atención a Ángeles es que internet salta fronteras, la opción de poder trabajar a distancia, en grupo simultáneamente con otras personas que no están en el mismo espacio físico o la posibilidad de enviar y recibir mensajes o correos electrónicos de forma instantánea. Quiere saber un poco más de todas estas opciones para poder utilizarlo de manera segura y con confianza.

En la era digital actual, la comunicación ha evolucionado a pasos agigantados, permitiendo interacciones que van más allá de las fronteras geográficas y culturales. De igual modo, se podría decir que las comunidades en línea, las herramientas de comunicación y los conceptos de correo electrónico están redefiniendo las formas en las que compartimos información, colaboramos y nos conectamos en un mundo interconectado.

Mundo interconectado

5.1. Comunidades en línea

Las comunidades en línea son plataformas virtuales donde usuarios con intereses, pasiones o metas comunes se encuentran y comparten conocimientos, experiencias y recursos. Estas comunidades varían en su naturaleza, desde foros de discusión hasta grupos en redes sociales, y ofrecen un espacio para el aprendizaje colaborativo y el desarrollo personal y profesional.

Uno de los aspectos más destacados de las comunidades en línea es su capacidad para facilitar el **aprendizaje colaborativo.** Los usuarios pueden intercambiar ideas, resolver problemas juntos y apoyarse mutuamente en un entorno seguro.

 **EJEMPLO**

En comunidades como Stack Overflow, los desarrolladores comparten soluciones a desafíos de programación, mientras que en foros de salud los participantes discuten tratamientos y experiencias de bienestar.

Además, las comunidades en línea promueven la construcción de redes. Profesionales de diferentes campos pueden conectarse con colegas, mentores y expertos, ampliando sus horizontes y fomentando oportunidades de crecimiento. *LinkedIn* es un ejemplo de una plataforma donde los profesionales intercambian ideas, buscan empleo y establecen contactos valiosos.

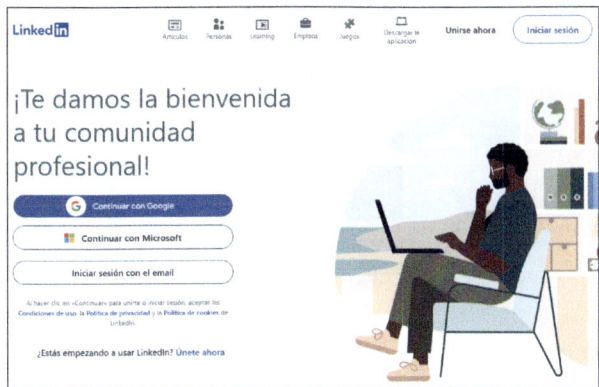

Página de inicio de LinkedIn, red de contactos profesionales

Es indudable que estas comunidades en línea aportan muchísimas ventajas, la colaboración y ayuda entre usuarios siempre suma, pero es importante también ser críticos y conscientes respecto a la seguridad y la privacidad en estas comunidades.

IMPORTANTE

No deben dejarse a un lado tanto la protección de datos personales como la concienciación sobre las prácticas de ciberseguridad. De esta manera estaríamos evitando posibles acosos cibernéticos e incluso posibles fraudes.

5.2. Herramientas de comunicación

Las herramientas de comunicación digital ofrecen muchas maneras de interactuar, desde mensajería instantánea hasta videoconferencias. Estas herramientas incluso permiten a distintos usuarios colaborar en proyectos de forma conjunta independientemente de su situación geográfica.

Herramientas de comunicación en línea

Existen herramientas para los distintos usos y es importante que las elijas correctamente si se trata de un **uso personal, de ocio o laboral;** cada una cumple su función. Ten en cuenta que en muchas de ellas tendrás que crear cuenta para poder utilizarlas, por lo que debes elegir bien antes de registrarte en alguna que no usarás nunca. Puedes conocer algunas de las herramientas más significativas a continuación:

● **De mensajería instantánea.** Permiten el envío rápido de mensajes, documentos, fotos y vídeos de forma inmediata, y pueden utilizarse en un contexto laboral, aunque es muy habitual usarlo para cuestiones personales.

   ʊ *WhatsApp*
   ʊ *Telegram*
   ʊ *Slack*

● **De correo electrónico.** Pueden ser servicios tanto de pago como gratuitos y permiten escribir mensajes más extensos, adjuntar archivos, enviar a varios remitentes, etc., que leerán en el momento que lo vean, no es tan inmediato, pero es más correcto para un uso laboral o una comunicación más extensa o detallada.

   ʊ *Outlook*
   ʊ *Gmail, Yahoo,* etc.

● **Para llamadas o videoconferencias.** Tanto para uso personal como, sobre todo, para uso laboral, permiten hacer conferencias con personas que están en otro punto geográfico y verse las caras, y compartir documentos o enseñar su pantalla. Esto es algo que conocerás especialmente por estar asociado al teletrabajo o a la época de confinamiento con el COVID-19.

◯ *Zoom*
◯ *Teams*
◯ *Google Meet*
◯ *Jitsi*

➲ **Para el trabajo en grupo y documentos compartidos.** Existen herramientas que permiten tanto guardar archivos en espacios virtuales, donde todos los usuarios que quieran participar puedan acceder, como trabajar en el mismo documento (hojas de cálculo, texto, presentaciones, etc.), incluso de forma simultánea.

◯ *Google Drive*
◯ *Microsoft 365 (Sharepoint o OneDrive)*

➲ **Para la organización de tareas y comunicación en equipo.** Existen herramientas encaminadas también a la organización de tareas, bien propias o bien de equipos de trabajo o grupos.

◯ *Slack*
◯ *Trello*
◯ *Teams (Planner)*
◯ *Google Calendar* y calendario de *Outlook*

➲ **Comunicarse con el mundo.** Existen distintas herramientas para comunicarse, para crear contenido que otros leerán, escucharán, verán o del que también puedes ser público.

◯ Blogs
◯ Multimedia
◯ Redes sociales
◯ Pódcast
◯ *Webinars* y conferencias virtuales

 **DEFINICIÓN**

Pódcast
Es un formato de contenido muy popular en la actualidad. Se trata de contenidos grabados en audio (aunque también se pueden reproducir en vídeo dependiendo de la plataforma donde se reproduzcan) y transmitidos en línea. Existen diversos formatos y temáticas; pueden ser entrevistas, programas temáticos, incluso pequeños audios de series de ficción.

✏ ACTIVIDAD COMPLEMENTARIA

3. Investiga sobre las herramientas de comunicación *WhatsApp, Slack, Google Meet, Google Calendar, YouTube, WordPress* y *Google Drive,* y decide cuáles serían las mejores opciones para instalarse para cubrir todas esas funcionalidades comentadas.

5.3. Conceptos de correo electrónico

El correo electrónico sigue siendo una herramienta esencial para la comunicación profesional y personal, se trata del modelo más formal para intercambiar información. Los correos se les organizan de forma estructurada a los destinatarios a los que se dirige, con un asunto o tema principal y un cuerpo de texto. Además, pueden adjuntarse archivos y añadir incluso una firma con la información personal o de la empresa.

Es una herramienta muy potente, ya que podrás guardar información que recibas, podrás organizarla, recurrir al correo tiempo después, responder al correo sin perder el hilo de la conversación, etc. Más adelante se desarrollarán estas cuestiones formales a la hora de trabajar con correos electrónicos, pero también es importante redactarlos de la mejor forma posible para asegurar que el mensaje se transmita correctamente. Puedes ver algunas recomendaciones a continuación:

- ➲ **Asunto claro y conciso.** Esta es la información principal que, además, el receptor verá antes de abrir el mensaje. Intenta que sea clara y que explique de qué se trata.
- ➲ **Saludo correcto.** Elige el saludo adecuado a la formalidad del correo o el grado de confianza con la persona a la que saludas. No olvides presentarte justo después si es la primera vez que le escribes.
- ➲ **Reglas gramaticales y corrector ortográfico.** Usa correctamente los signos de puntuación y la estructura de las frases. Pasa el corrector ortográfico antes de enviarlo.
- ➲ **No usar emoticonos.** Si se trata de correos formales o profesionales, no uses este tipo de iconos demasiado informales para entornos profesionales.
- ➲ **Evitar colores, resaltados, letras distintas.** Evita todo aquello que pueda distraer de la recepción del mensaje.
- ➲ **Despedida adecuada.** Está dentro de la amabilidad, al igual que saludar, decir por favor o gracias. Da muy buena impresión hacerlo en el correo electrónico.

- **Firma al final.** Puedes crear una firma, sobre todo en ámbitos profesionales, con tu nombre, tu cargo, otras formas de contacto, el logotipo de la empresa o la web.
- **Archivos adjuntos añadidos.** Si vas a enviar un archivo adjunto, revisa haberlo adjuntado y revisa que sea el correcto antes de enviarlo.
- **Espera de respuesta paciente.** No se trata de mensajería instantánea, sobre todo si es en ámbito laboral, espera un tiempo prudencial antes de volver a escribir y preguntar si ha leído el correo que enviaste.

 PARA SABER MÁS

Todas estas normas de protocolo para la redacción de correos electrónicos se llaman netiquetas, que son el código de etiqueta en la red. Puedes ampliar algunas más en el siguiente enlace:

https://shorturl.at/tDyso

6. Uso de correo electrónico: enviar correo electrónico, recibir correo electrónico, organización de correos electrónicos

 HILO CONDUCTOR

Ángeles sabe utilizar el correo para enviar mensajes e incluso algún archivo y, sobre todo, sabe leer los que recibe. Pero es cierto que tiene la bandeja de entrada llena y con mensajes desordenados donde se mezclan mensajes

Continúa en página siguiente >>

<< Viene de página anterior

importantes, mensajes de publicidad, etc. Le gustaría saber cómo optimizar el uso del correo electrónico ahora que, además de un uso personal, le dará un uso académico.

- -

Usar el correo electrónico va un poco más allá de enviar o recibir correos. Además de estas dos funciones esenciales de las cuales es importante que conozcas su funcionamiento, también es fundamental ser ordenado en el uso de este. Debes organizar tus correos para no perder información, para poder localizar el correo que recibiste o enviaste hace algún tiempo, etc. Podrás hacer filtros de búsqueda en tus correos, crear carpetas y subcarpetas donde irlos clasificando y ordenar por fecha, remitente, etc.

Además, debes conocer los posibles peligros de algunos correos electrónicos fraudulentos o peligrosos que puedes recibir. Ya se ha hablado previamente sobre ellos y, básicamente, consiste en tener activados antivirus y elementos de protección de los equipos; no abrir correos que resulten sospechosos y mucho menos hacer clic en enlaces que resulten raros; y, por supuesto, no introducir datos personales o bancarios en respuestas a correos de supuestas entidades bancarias o entidades públicas.

6.1. Enviar correo electrónico

Esta es una de las funciones básicas del uso del correo electrónico y parece la más sencilla, pero es importante conocer bien cómo se realiza un envío de un correo electrónico y quiénes son los implicados. Uses el servicio de correo que uses, sea gratuito o de pago, todos los correos cuentan con los siguientes campos que debes rellenar:

- **Para:** en ese campo se añade el destinatario o destinatarios a los que va dirigido el correo.
- **CC:** aquí puedes añadir otros usuarios que deban estar en copia de este correo, para estar informados, pero que no sean receptores principales.
- **CCO:** estas siglas responden a la copia oculta. Puedes añadir algún contacto que quieres que lo reciba, pero sin que se sepa que está en copia por los demás destinatarios.
- **Asunto:** tema o título del correo. Es interesante ser claro para que el destinatario sepa de qué se trata antes de abrirlo y que, posteriormente, le permita encontrarlo con facilidad.

- **Adjuntar / Incluir:** puedes añadir archivos al correo, siempre y cuando cumplan unas limitaciones de tamaño. Podrás buscarlos entre las carpetas de tu ordenador. También puedes incluir imágenes, por ejemplo, pero en el cuerpo de correo, no adjuntas, para que puedan verse mientras lees el contenido.
- **Texto y opciones de texto:** en este espacio escribirás el mensaje. Puedes darle formato al tipo de letra, tamaño, color, etc.
- **Enviar:** este botón es el paso final para que se envíe un mensaje. Justo antes, debes haber comprobado la ortografía, los destinatarios, los archivos adjuntos correctos, etc., porque una vez que lo mandes, ya no tendrás opción de cambio.

Tal y como se ha comentado, la estética del correo cambiará según el programa que uses para enviarlo, pero los elementos básicos siempre son los mismos. También puedes tener ese programa o aplicación para el envío y la recepción de correos electrónicos instalado en otros dispositivos como un teléfono inteligente o una tableta, y sincronizarlo para poder recibir también correos de esta cuenta además de en el ordenador. Puedes escribir mensajes o leer y responder mensajes recibidos.

Gestión del correo electrónico desde otros dispositivos

 RECUERDA

Debes seguir algunas normas de protocolo a la hora de escribir correos electrónicos que ayudarán a que el mensaje se transmita mejor, además de dar una imagen más formal o profesional.

6.2. Recibir correo electrónico

Esta es la segunda función principal del correo electrónico. Puedes recibir correos nuevos o bien puedes recibir correos que respondan a alguno que tú has escrito previamente. De igual modo, la estética dependerá del tipo de aplicación que uses para la recepción del correo, pero siempre tendrán una estructura similar a esta:

- **Remitente:** cuando consultes tu bandeja de entrada, verás en primer lugar la persona que te ha escrito el mensaje.
- **Más destinatarios:** en este caso, si has recibido el correo, claramente eres el destinatario o uno de ellos, pero puede haber más personas en copia. Ten esto en cuenta a la hora de responder y si querrás que todos vean tu respuesta.
- **Asunto:** en tu bandeja de entrada tendrás visible ese asunto o tema principal del correo antes de abrirlo. Puedes decidir abrirlo o no hacerlo si te resulta sospechoso.
- **Archivos adjuntos:** pueden haberte mandado algún archivo como complemento al correo electrónico. Podrás tanto abrirlo para tener una visión previa de él como descargarlo en tu equipo para una consulta o edición más tranquilamente. Recuerda no descargar archivos sospechosos y recuerda siempre pasar un antivirus y hacer las comprobaciones que sean necesarias, pues sería una fácil vía de entrada para algunos peligros de los que ya hemos hablado.
- **Asunto:** tema o título del correo. Es interesante ser claro para que el destinatario sepa de qué se trata antes de abrirlo y que, posteriormente, le permita encontrarlo con facilidad.
- **Responder mensaje:** puedes responder sobre la marcha o más adelante, al igual que puedes responder al emisor de este o bien a todos los que estén en copia también.
- **Reenviar mensaje:** puedes enviar el mensaje e incluso sus archivos adjuntos a otra tercera persona que no estuviera en copia por si necesita esa información.
- **Eliminar o clasificar el mensaje:** finalmente, puedes decidir eliminar un mensaje una vez que lo hayas leído (o sin leer si te resulta sospechoso) o bien puedes clasificarlo si lo consideras interesante para conservarlo y volver a consultarlo en alguna carpeta.

Un correo electrónico nuevo se marcará de algún modo en tu bandeja de entrada (habitualmente en negrita y/o con un icono de un sobre y un globo con el número de mensajes recibidos sin leer), ya que se ordenarán habitualmente por orden cronológico, lo más nuevo al principio. Pero no solo puede entrar un correo recibido en la bandeja de entrada; las aplicaciones de correo electrónico tienen sus propios sistemas de seguridad, por lo que algunos mensajes que le resultan sospechosos o que entienden que tienen una finalidad publicitaria o comercial los clasifica automáticamente en correo no deseado. Puedes abrir uno de estos, aunque no esté en la bandeja de entrada, o puedes eliminarlos directamente.

Aviso de mensajes nuevos o sin leer en la bandeja de entrada

 ## SABÍAS QUE...

El correo electrónico no deseado también se denomina con las siglas SPAM o correo basura, y pueden ser aquellos mensajes no solicitados o con remitente no conocido (incluso anónimo), que son enviados de manera masiva y llenan el buzón del receptor normalmente con mensajes de tipo publicitario.

Se dice que esta palabra proviene de la Segunda Guerra Mundial, de una marca de comida enlatada que los familiares mandaban a los soldados (de manera masiva).

A la hora de responder a un correo, se pueden aplicar las mismas normas de protocolo que a la hora de escribirlos. Será fundamental cuidar el tono, la ortografía, la gramática, evitar los resaltados y los emoticonos, etc. Algunas reglas aplicables a los correos de respuesta que podrían ser interesantes son:

- ◯ **Siempre responder el correo, no ignorarlo.** Es recomendable responder siempre a los correos electrónicos, aunque sea para decir que se ha recibido la información o para dar las gracias. Obviamente, no hay que responder a correos sospechosos o SPAM.

- ⊃ **Minimizar el tiempo de respuesta y acuse de recibo.** Aunque claramente el correo electrónico es más lento que la mensajería instantánea, no es aconsejable dejar pasar demasiado tiempo antes de responder, el otro usuario puede intranquilizarse. Si ves que no vas a poder responder pronto, envía una respuesta diciendo que lo has recibido y que le contestarás en cuanto puedas. Esto deja al otro usuario tranquilo respecto a la recepción.
- ⊃ **Responder a lo que se pregunta.** Lo lógico es responder con algo que se está comentando o preguntando en el correo recibido, no debes irte por las ramas o eludir el tema. Además, si quieres hablar de otro tema, es probable que debas hacerlo en otro correo independiente, con otro asunto distinto.
- ⊃ **Cuidar a quién se responde.** Puede haber más usuarios en copia y puedes querer o no hacerlos partícipes, y de igual modo debes tener cuidado de no equivocarte de usuarios con nombres similares o parecidos, y enviar un correo a otra persona que no tiene nada que ver. Sobre todo, por temas de protección de información confidencial.
- ⊃ **Respetar el horario laboral.** Aunque no es una mensajería instantánea, en el ámbito laboral suele ser aconsejable respetar los horarios laborales y no pedir respuesta fuera de estos o fuera de las diferencias horarias con otros países.

 **RECUERDA**

Es muy importante que seas prudente en la recepción de correos electrónicos, sobre todo si incluyen archivos adjuntos o enlaces. Nunca descargues un archivo sin hacer comprobación de presencia de virus y nunca hagas clic en enlaces de los que no te fíes, no conozcas al remitente o te resulten raros. Muchas veces es mejor preguntar por teléfono ante la extrañeza que hacer clic sobre el enlace sin consultar.

- -

6.3. Organización de correos electrónicos

Tener los correos electrónicos recibidos y enviados clasificados es uno de los mayores desafíos del uso de esta herramienta. Sobre todo, si lo usas para un ámbito profesional o académico en el que envíes y recibas gran cantidad de correos de diversos temas o proyectos.

Además de las bandejas de entrada, salida, enviados y borrador que tienen todas las aplicaciones de correo y donde podrás encontrar los correos que tengan la cualidad de recibidos, enviados o en borrador, puedes crear carpetas con los nombres que desees, que a su vez pueden tener subcarpetas, para clasificar los correos.

 EJEMPLO

Podrías tener una carpeta llamada Curso 2024-2025 y a su vez, dentro de esta, una subcarpeta por cada una de las asignaturas que curses. De esta forma, puedes arrastrar mensajes de tu bandeja de entrada o enviados a su carpeta correspondiente para más facilidad a la hora de releer, responder o reenviar dicho correo electrónico.

También puedes asignar etiquetas de color por temas o asuntos, que también te facilitarán una búsqueda posterior. Puedes marcar correos electrónicos como importantes, para que resalten en tu bandeja, puedes eliminar aquellos que no te interesen o que no necesites guardar o bien, simplemente, puedes archivarlos. Con esta opción los quitarías de la bandeja de entrada para dejarla lo más limpia posible, pero podrías acceder a ellos haciendo una búsqueda.

 CONSEJO

A la hora de encontrar correos electrónicos enviados o recibidos, podrás hacer una búsqueda por palabras clave, por tipo de remitente, por asunto, etc., y podrás buscar en todo el correo o dentro de una carpeta donde los hayas creado, o directamente seleccionar aquellos que tengan una etiqueta. Incluso también podrás aplicar filtros para acotar los resultados de las búsquedas entre tus correos electrónicos. Es por esto por lo que es recomendable ser ordenado con la gestión de los correos.

 **VÍDEO**

Uno de los correos gratuitos más utilizados es *Gmail,* si bien las dinámicas suelen ser muy parecidas al de otras aplicaciones de correo. En el siguiente vídeo puedes ver cómo crear esas etiquetas y filtros para organizar los correos electrónicos. Accede desde aquí.

https://redirectoronline.com/ifcd290205

7. Uso de calendarios

 **HILO CONDUCTOR**

Ángeles ha escuchado hablar de calendarios compartidos por todos los alumnos en clase, pero no sabe muy bien cómo acceder o qué puede hacer en ellos, si solo consultar o también añadir más eventos, etc. Quiere aprender algunos conceptos más sobre este tipo de calendarios que debe seguir en su grupo y ver si tiene sentido utilizarlos también a título personal.

Los **calendarios digitales** son una herramienta muy práctica para la gestión del tiempo tanto personal como laboral. Además, si es laboral, estos calendarios pueden compartirse con otros compañeros, lo cual también los hace una aplicación fundamental para el trabajo en equipo.

Calendarios digitales

Los calendarios en línea ofrecen una forma eficiente de planificar actividades, gestionar citas y coordinar eventos con otros. A diferencia de los calendarios o agendas tradicionales en papel, los calendarios digitales presentan ventajas significativas como la accesibilidad desde múltiples dispositivos (equipos, *smartphones*, tabletas) y, además, permiten compartir la información con otros usuarios.

 IMPORTANTE

Los servicios de calendarios en línea más comunes incluyen *Google Calendar, Microsoft Outlook Calendar* y *Apple Calendar*, entre otros. Estas plataformas permiten no solo la creación de eventos y recordatorios, sino también la integración con otras aplicaciones como el correo electrónico, sistemas de videoconferencia y aplicaciones de gestión de tareas.

- -

Existen muchas aplicaciones de calendarios, pero la mayoría cuentan con las mismas utilidades y herramientas. Las principales características que debes conocer de los calendarios digitales son las siguientes:

➲ **Pueden configurarse según nuestras preferencias.** Puedes configurar los calendarios con tus preferencias, por ejemplo, en la zona horaria para evitar confusiones con agendado de eventos, también puedes configurar su apariencia, sus notificaciones o incluso su privacidad.
➲ **Puedes crear / gestionar distintos calendarios por temas o grupos.** Puedes y debes tener distintos calendarios para diferentes áreas de la

vida: personales, familiares, de estudios, laborales, de la comunidad de vecinos, etc.

⮩ **Puedes crear eventos e invitar a usuarios.** Puedes añadir reuniones, citas, recordatorio de tareas, etc., asignándoles detalles como fecha, hora, ubicación, y una breve descripción. De igual modo, puedes invitar a otros usuarios a dichos eventos fácilmente.

⮩ **Puedes compartir el calendario con más usuarios.** En entornos de estudio o laborales, es muy habitual tener calendarios compartidos que además permitan a otro usuario saber cuándo se está ocupado antes de interrumpir o conocer fechas e hitos interesantes para todos.

⮩ **Pueden sincronizarse con otras aplicaciones.** Estos calendarios suelen poder sincronizarse entre varios dispositivos, pero también entre distintas aplicaciones. De este modo, es posible que puedas recibir por correo electrónico eventos de estos calendarios o crearlos, actualizar gestores de tareas, etc.

8. Resumen

En la era digital actual, tener un manejo eficaz de las aplicaciones en línea se ha vuelto imprescindible tanto en la vida personal como en el entorno profesional. Cada vez más, nuestra capacidad para navegar por la web, gestionar correos electrónicos, utilizar herramientas de comunicación y participar en comunidades en línea nos define no solo como individuos, sino también como ciudadanos globales responsables.

Es fundamental conocer estos conceptos clave de aplicaciones en línea para hacer un uso más inteligente y eficiente, pero también más seguro y protegiendo en todo momento nuestra privacidad. La seguridad en línea es una preocupación creciente en la actualidad ante la cual es importante estar informado. No se trata de dejar de usar o de usar con miedo, sino de usar de forma responsable y utilizar los recursos que los propios equipos informáticos y la propia red nos proporcionan.

Cómo enfrentarnos a la muchísima información a la que podemos acceder en línea es también un ejercicio de responsabilidad tanto para tener una mirada crítica y saber diferenciar entre lo que nos es útil o lo que es fiable de lo que no como para no infringir ciertas normas y leyes de propiedad intelectual en el uso de contenido creado por otra persona y que parece a *priori* muy accesible con un solo clic.

Por último, no debemos pasar por alto la gran cantidad de herramientas que hay para comunicarse en línea. Cada herramienta con una finalidad y unas características concretas según el uso que vaya a hacerse. Posiblemente no vayan a usarse todas, pero es importante conocer que existen y sus cualidades, en caso de que necesitemos hacer uso de ellas.

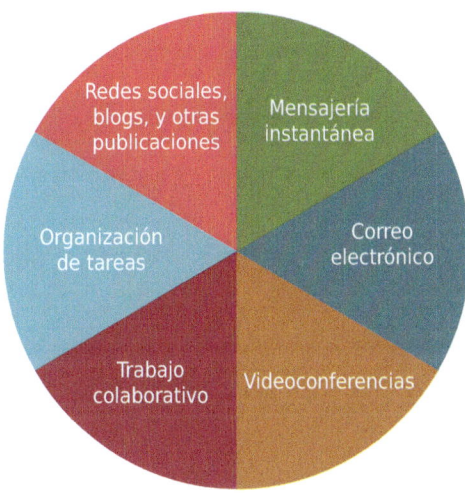

Ejercicios de autoevaluación
Unidad de Aprendizaje 2

1. ¿Cuál de los siguientes no es un navegador?

    a. *Edge*
    b. *Chrome*
    c. *Mac*
    d. *Mozilla*

2. ¿Cuál de los siguientes no es un buscador?

    a. *Bing*
    b. *Safari*
    c. *Yahoo*
    d. *Google*

3. ¿Qué no debe incluir un correo electrónico para dar una apariencia más seria y formal?

    a. Emoticonos
    b. Asunto largo
    c. Firma al final
    d. Despedida

4. ¿Cuál de las siguientes licencias no permite usar un contenido sin permiso expreso de su autor?

    a. *Copyleft*
    b. *Copyright*
    c. *Creative Commons*
    d. Nunca puede usarse un contenido sin autorización expresa de su autor.

5. Relaciona cada operador que puedes escribir en una búsqueda con el resultado que produce:

    a. *""*
    b. AND

c. -
d. OR

___ Uno u otro término
___ Frases exactas
___ No incluye término
___ Más de un término exacto

6. Determina si la siguiente oración es verdadera o falsa: "Los sitios que marcas como favoritos pueden sincronizarse entre un portátil y un móvil para que puedas visitar los mismos desde ambos dispositivos".

   ■ Verdadero
   ■ Falso

7. ¿Cuál de las siguientes acciones puedes realizar con un calendario digital?

   a. Personalizar sus colores.
   b. Invitar a otros usuarios a eventos que has creado.
   c. Compartir el calendario con otros usuarios.
   d. Todas las opciones son correctas.

8. ¿A qué se denomina un correo SPAM?

   a. A un correo que no tiene un tono adecuado.
   b. A un correo no deseado, comercial o basura.
   c. A un correo fraudulento.
   d. A un correo que incluye archivos adjuntos.

9. Determina si la siguiente oración es verdadera o falsa: "Solo puedes tener carpetas de entrada, salida, enviados y borradores en una aplicación de correo electrónico".

   ■ Verdadero
   ■ Falso

10. Determina si la siguiente oración es verdadera o falsa: "No es posible borrar el historial de búsqueda de un ordenador".

- ■ Verdadero
- ■ Falso

Herramientas de colaboración en línea

Contenido

Objetivos

El objetivo general de esta Unidad
de Aprendizaje es:

→ Trabajar con las herramientas
de colaboración en línea y
computación en la nube (*cloud
compunting*).

Los objetivos específicos de esta
Unidad de Aprendizaje son:

→ Reconocer las ventajas del uso
de las herramientas en línea y
del espacio de almacenamiento
en la nube.

→ Saber qué requerimientos tienen
las aplicaciones colaborativas
que quieres usar y ver si es
posible en tu dispositivo.

→ Conocer las herramientas
colaborativas más importantes y
para qué tareas se pueden usar.

→ Entender la responsabilidad en
la comunicación móvil en los
entornos laborales.

→ Conocer cómo funciona la
sincronización de dispositivos y
su importancia.

1. Introducción

La colaboración en línea ha cambiado la manera en la que trabajamos, pero también en la que vivimos y nos relacionamos. Hoy en día, tanto en el ámbito profesional como personal, las herramientas de colaboración en línea son esenciales para una comunicación efectiva y, sobre todo, para una gestión eficiente del tiempo. Con estas herramientas podemos interactuar, compartir y crear en un entorno digital, permitiendo que las personas colaboren en todo el mundo sin importar las barreras geográficas. La capacidad de trabajar juntos a través de estas plataformas puede significar la diferencia entre el éxito y el fracaso en muchos proyectos.

Es posible que un mismo equipo de trabajo se encuentre geográficamente separado, incluso con diferencias horarias. Gracias a estas herramientas es posible coordinar reuniones, compartir calendarios, comunicarse de forma fluida, realizar videoconferencias, etc., y hacerlo todo de forma efectiva y sacando proyectos de forma exitosa. Se puede decir que, además de elevar la productividad, fomenta otros valores como la inclusión, la conciliación, etc.

Es fundamental entender cómo utilizar estas herramientas de manera eficiente, teniendo siempre en cuenta el hacerlo de forma segura y cómo hacerlo también conectando distintos dispositivos.

Este es el caso de Ángeles, que necesita conectarse con equipos de trabajo en su entorno formativo, para sacar proyectos de forma conjunta, pero teniendo en cuenta diferentes horarios y situaciones personales de cada uno.

2. Conceptos de colaboración: identificar las características clave de las herramientas de colaboración en línea, así como los servicios que las incentivan, así como sus ventajas

☞ **HILO CONDUCTOR**

Ángeles ha escuchado hablar de herramientas de colaboración en línea, pero no le queda claro a qué herramientas se refiere y cuáles son sus ventajas principales, las razones por las que debería utilizarlas para avanzar en sus grupos de trabajo.

Ya has oído hablar de trabajo colaborativo y de cómo es posible trabajar de forma simultánea o al menos en los mismos documentos (si no a la vez) con otros usuarios. No solo se ciñe al entorno laboral, sino también al educativo y a otros de índole más personal en los que sea de utilidad compartir documentos.

A la hora de elegir este tipo de herramientas debes tener en cuenta todas sus ventajas y los distintos servicios que puedes obtener.

Herramientas colaborativas con otros usuarios

2.1. Identificar las características clave de las herramientas de colaboración en línea

Estas herramientas colaborativas tienen una serie de características que no tienen las herramientas *offline* que suelen ir encaminadas a obtener una forma de trabajo más eficiente. Debes conocer todas estas características y, sobre todo, ver de qué forma puedes aplicarlas a tus necesidades, en tu beneficio. Algunas de estas características son las siguientes:

➲ **Comunicación en tiempo real:** una de las características fundamentales de las herramientas de colaboración es la capacidad de comunicación en tiempo real: interactuar con otros usuarios con mensajes de texto, llamadas o videollamadas. Algunas de estas herramientas son *Slack* o *Microsoft Teams*. Este tipo de comunicación y, además, ordenada por equipos, temas, etc., permite avanzar mucho trabajo que puede resolverse de manera inmediata.

➲ **Compartir archivos y almacenamiento en la nube:** otra característica esencial es poder compartir documentos y archivos. Para esto, puedes almacenarlos en la nube (espacio de almacenamiento de internet) y compartirlo con otros usuarios, para que lo tengan o incluso para que colaboren y editen dichos archivos o documentos únicamente gracias a una conexión a internet. Algunas de estas herramientas son *Google Drive* o *Dropbox*.

- **Edición colaborativa de documentos:** esto permite que otros usuarios con los que compartes estos documentos puedan trabajar de forma simultánea en ellos, incorporando comentarios o cambios en tiempo real.
- **Gestionar proyectos y equipos:** algunas de estas herramientas permiten asignar tareas, seguir los progresos y plazos, ver gráficos y tablas de control, etc., cuando se trabaja en equipos. De este modo, esa globalidad o lejanía que da trabajar en línea está perfectamente acotada y organizada.
- **Seguridad y privacidad:** estas herramientas cuentan con algunas funcionalidades para la encriptación de datos, distintos tipos de permisos de usuario, factores de autenticación, etc., que permiten garantizar la seguridad de toda esa gran cantidad de información sensible que estaría manejándose en línea, con todos los posibles riesgos que conlleva internet.
- **Integración con otras herramientas:** muchas de estas herramientas están diseñadas para que se integren con otras aplicaciones y mejorar juntas la eficiencia y la productividad.
- **Multidispositivo:** la mayoría de estas herramientas pueden utilizarse indistintamente desde equipos informáticos, tabletas o dispositivos móviles, sincronizándose entre todos y permitiendo un acceso más flexible.

2.2. Servicios que incentivan el uso de las herramientas de colaboración en línea

Para poder utilizar estas herramientas de colaboración en línea, cuyas ventajas conoceremos más adelante, debes tener una serie de servicios necesarios cubiertos, como la conexión a internet, cuentas de usuario en las herramientas que vayas a utilizar o el uso de la llamada infraestructura *cloud*.

 **DEFINICIÓN**

Infraestructura *cloud*
Es el conjunto de *hardware* y *software* que necesitas para trabajar en la nube *(cloud)*. Trabajar en la nube es poder acceder a un espacio virtual de

Continúa en página siguiente >>

<< Viene de página anterior

almacenamiento desde donde realizar diversas funciones, desde cualquier sitio y en cualquier momento, y te permite tener siempre actualizados estos documentos, visitables y editables con cualquier dispositivo.

Además, deberás tener una cuenta de usuario registrado en las aplicaciones o herramientas que vayas a utilizar acorde con tus necesidades, por lo que es recomendable pensar bien cuáles serán las que uses y registrarte solo en esas.

2.3. Ventajas de usar herramientas de colaboración en línea

El uso de herramientas en línea aporta muchos beneficios a nuestras tareas diarias, bien laborales, bien educativas o incluso domésticas. Puedes ver algunas de las ventajas más significativas aquí:

- **Mayor productividad:** el uso efectivo de herramientas de colaboración en línea puede llevar a un aumento significativo en la productividad. Esto ocurre porque se disminuye el tiempo de coordinación de reuniones, de compartir información y se emplea en otro tipo de tareas más importantes. También, en lo relacionado con la flexibilidad de horarios al trabajar en remoto, favorece la mejor gestión de tiempo, que al final influye en la productividad personal del usuario.
- **Reducción de costos:** también puede traducirse en términos económicos, ya que se reduce la infraestructura física, los espacios de oficina, los recursos de *hardware,* etc. De igual modo, también reduce el impacto medioambiental, además del económico, de los gastos relacionados con materiales impresos o correo tradicional.
- **Fomento de la innovación:** este tipo de herramientas permiten poner en común ideas, perspectivas distintas y mejorar tanto la calidad de los resultados como la competitividad de los resultados.
- **Mejora de la comunicación:** claramente, existen mejoras en la forma de comunicarse, pudiendo ser en tiempo real sin haber retrasos ni malentendidos, minimizando errores, fomentando la sensación de equipo, etc.
- **Acceso global al talento:** gracias a que ya no es necesario estar en un espacio físico y geográfico concreto, se pueden tener en cuenta perfiles más diversos, con talento de todo el mundo, lo cual enriquece sin duda los proyectos.

Sería injusto no tener en cuenta también algunas desventajas de las herramientas de colaboración en línea. Podría decirse que las ventajas son muchas más y que las desventajas podrían pasar más inadvertidas, pero no está de más comentar, por ejemplo, que el uso de este tipo de herramientas requiere conexión a internet, que podría ser un problema en caso de no tener acceso a ese servicio.

Además, se puede hablar del concepto de aislamiento que produce estar detrás de una pantalla y no en un espacio de estudio o trabajo físicamente con otros usuarios, y de la constante amenaza de los posibles riesgos de internet y la seguridad de los datos.

 ACTIVIDAD COMPLEMENTARIA

4. Conocidas algunas ventajas y desventajas del uso de herramientas en línea para todos los entornos, en esta actividad deberás pensar en cuáles serían más concretamente en el entorno educativo en el que se mueve Ángeles.

3. Prepararse para la colaboración en línea: reconocer las restricciones que el *firewall* puede causar al usuario de las herramientas de colaboración en línea, bajar *software* para su uso (*webcam, VoIP, MI,* uso compartido de documentos...)

 HILO CONDUCTOR

Ángeles sabe que en el uso de las herramientas de colaboración en línea no todo es un camino de rosas. Sabe que tiene que aprender a utilizarlas, a familiarizarse con todo lo que pueden ofrecer y la manera en la que hacerlo de forma eficaz, pero también sabe que hay algunos requerimientos y problemas técnicos que pueden hacer más difícil este uso al principio, o que son necesarios para su instalación antes de empezar.

En el mundo digital actual, la colaboración en línea se ha convertido en una práctica estándar en muchos entornos profesionales y educativos. La capacidad de trabajar conjuntamente, independientemente de la ubicación física, ofrece numerosas ventajas, desde una mayor eficiencia hasta la reducción de costos. Sin embargo, para maximizar los beneficios de las herramientas de colaboración en línea, es crucial comprender las posibles limitaciones tecnológicas que podrías enfrentar, así como las precauciones necesarias durante la preparación de estas actividades.

3.1. Restricciones del *firewall* a las herramientas de colaboración en línea

Debes tener en cuenta las restricciones que tu *firewall* puede imponer a la hora de instalar o usar servicios básicos. Aunque no hayas instalado conscientemente un *firewall* en tu dispositivo, debes saber que los sistemas operativos (como *Windows)* y algunos de los rúteres que se utilizan habitualmente, ya lo tienen integrado. Es una opción básica que siempre puedes ampliar, pero tener cortafuegos es una opción necesaria y ventajosa.

 **DEFINICIÓN**

Firewall o cortafuegos
Es un sistema de seguridad en los dispositivos que restringe el tráfico de internet, tanto de entrada como de salida. Permite o bloquea que los datos entren o salgan si considera que no son adecuados o seguros. Con esta actividad, está previniendo actividades maliciosas sobre nuestro equipo informático.

Según lo comentado, es fácil pensar que los *firewalls* pueden suponer un obstáculo para la colaboración en línea. Como se ha descrito, estos sistemas funcionan controlando el tráfico entrante y saliente basado en reglas de seguridad preestablecidas; por tanto, pueden restringir el acceso a determinadas herramientas o servicios que menoscaben la efectividad de las reuniones, por ejemplo.

👁 EJEMPLO

Si intentas utilizar un servicio de videoconferencia como *Zoom* o *Microsoft Teams,* el *firewall* de tu organización o red doméstica podría bloquear tu capacidad para establecer una conexión estable. Esto suele ocurrir porque dichos servicios utilizan puertos de red específicos que pueden estar cerrados por razones de seguridad. Antes de iniciar una sesión de colaboración, es esencial verificar que tu *firewall* permita el tráfico.

Firewall

💬 CONSEJO

No hay que alarmarse por estas posibles restricciones. Es recomendable no intentar usarlas por primera vez con urgencia, por ejemplo, para una reunión, sino probar anteriormente que la configuración permite su uso.

Es cierto que los nuevos dispositivos ya vienen preparados para la mayoría de los usos colaborativos habituales y no suelen darse problemas. Si no fuera posible, habría que cambiar la configuración de seguridad. Esto puedes hacerlo con ayuda de personal especializado si es en un entorno laboral o educativo, o incluso con la ayuda de las propias aplicaciones o realizando alguna búsqueda concreta en internet si se trata de un entorno doméstico.

¿Por qué es importante utilizar un *firewall*?

No es posible simplificar diciendo que si el *firewall* nos limita el uso de herramientas colaborativas podemos prescindir de él, ya que su existencia y funcionamiento en nuestro equipo informático es muy importante. Algunas de las funciones básicas de un *firewall* son:

> Evita la entrada de usuarios sin autorización o de algunos tipos de *malware*. Estaría protegiendo los datos privados, transacciones comerciales, etc.

> Limita el acceso a determinadas aplicaciones que parezcan sospechosas o maliciosas.

> Avisa de los posibles intentos de conexión fraudulenta o de los intentos de conexión desde dispositivos desconocidos. De esta manera, nos daríamos cuenta y podríamos evitarlo.

> Puede tener distinta configuración según la red a la que nos conectamos. Un *firewall* puede ser más o menos restrictivo según se trate de una empresa con alto contenido privado, una red doméstica o una red pública de un centro comercial o una universidad.

 **DEFINICIÓN**

Puerto
Punto virtual que permite la comunicación y el intercambio. Existen algunos puertos, como un puerto USB, que son puertos físicos, pero no todos son necesariamente físicos. Los puertos virtuales se reconocen por una numeración.

Los *firewalls* pueden impedir, por ejemplo, el uso compartido de archivos en una red doméstica o evitar una comunicación fluida en una videollamada. Es posible que tengamos que abrir y cerrar puertos para permitir determinadas conexiones, para dar más permisos. Estas operaciones se hacen desde el centro de seguridad de nuestro equipo, puedes buscarlo en su configuración.

Cortafuegos o firewall

 CONSEJO

Es aconsejable que no modifiques la configuración de seguridad y de puertos si no estás seguro de lo que estás haciendo. Cuenta con la ayuda de alguien más especializado, ya que puedes dejar al descubierto alguna posible entrada en tu red o equipo, y puede ser utilizada para fines fraudulentos.

- -

APLICACIÓN PRÁCTICA

Ángeles necesita una herramienta colaborativa para seguir su curso. Ha intentado instalarla, pero no funciona, probablemente por algún problema de configuración del *firewall*. ¿Crees que puede llegar a utilizarla para seguir su curso?

Solución

Puede pedir ayuda a alguien con conocimientos más específicos sobre ordenadores y redes para que la ayude a ver qué requerimiento no se está cumpliendo o qué está fallando, y que le configure lo que sea necesario, o tratar de trabajar en la aplicación de forma *online*, sin instalación.

- -

3.2. Bajar *software* para su uso *(webcam, VoIP, MI,* uso compartido de documentos...)

La preparación adecuada para la colaboración en línea también implica la descarga e instalación de *software* relevante antes de cualquier actividad colaborativa. En primer lugar, debes identificar cuáles son las aplicaciones y los programas necesarios para tu trabajo colaborativo; los dispositivos que necesitarás para hacerlo, ya que también pueden requerir la instalación de un *software* propio; y los recursos que consumirán, para saber si tu dispositivo es adecuado.

Ya estás acostumbrado a instalar aplicaciones en tu *smartphone,* por ejemplo. Cuando quieres utilizar una de ellas, la buscas y la descargas (gratuitamente o previo pago, según la aplicación), y, una vez instalada, ya puedes utilizarla. Es cierto que, este proceso tan intuitivo en un móvil, es un poco más complicado en un ordenador, pero básicamente consiste en el mismo proceso.

Descarga de software en el ordenador

En lugar de ir a un sitio de descargas concreto, donde puedes encontrar el catálogo de aplicaciones disponibles para tu dispositivo, visitarás la página web de la marca de la aplicación, y desde ahí podrás encontrar el enlace para la descarga del *software* que necesitas. De forma bastante intuitiva, podrás instalar dicho *software* y ejecutar la aplicación.

Podrás consultar los requerimientos de una aplicación en su página web y compararlos con las características de tu equipo en el botón de **Windows,** clicando en **Configuración → Sistema → Acerca de** para conocer las especificaciones en cuanto a memoria, procesador, etc., y en **Configuración → Sistema → Almacenamiento** para ver el espacio disponible.

RECUERDA

Asegúrate siempre de la seguridad a la hora de descargar con los conceptos que ya se han comentado: que sea un sitio verdadero, fiable, que le pases previamente un antivirus a la hora de ejecutarlo, etc. No descargues *software* que no te dé buena impresión o herramientas que no son conocidas, todo esto puedes valorarlo haciendo alguna búsqueda en internet o buscando opiniones, incluso si otros usuarios de confianza ya la han utilizado previamente.

Algunas de las herramientas no necesitan la instalación de ningún *software,* ya que su uso es únicamente a través de la conexión a internet. Sí necesitarás tener una cuenta registrada, con un usuario y una serie de requerimientos que tu ordenador debe cumplir para poder ejecutar dichas funciones. Algunos de estos requerimientos de *hardware* o *software,* más allá de la instalación de las aplicaciones, son:

Videoconferencias y transmisiones en tiempo real
- Además de una buena conexión, este tipo de herramientas suelen ser exigentes en cuanto a los recursos que necesitas tener en tu ordenador para su funcionamiento óptimo. Debes ver los requerimientos mínimos que piden e instalarlas solo si tu equipo los cumple.

Intercambio de archivos y almacenamiento
- Muchas de las aplicaciones en línea se basarán en el intercambio de archivos, incluso en tiempo real, y la descarga y el almacenamiento de muchos otros. Debes contar con espacio libre en el disco de almacenamiento para poder ser funcional con esta forma de trabajar.

Periféricos necesarios
- También es posible que necesites algún periférico extra como micrófonos, altavoces o webcam (si tu ordenador no es un portátil, que suelen traer todo integrado de fábrica). En este caso, deberás instalar el *software* necesario para hacer funcionar el *hardware* que necesites. Es posible que se configure e instale de forma automática e inmediata al conectarlo si se trata de dispositivos más o menos actuales y actualizados.

CONSEJO

Además de instalar los distintos *softwares* que necesites para las herramientas en línea, es importante que estés atento a las actualizaciones que vayan surgiendo. Es recomendable tener actualizadas las aplicaciones, porque van mejorando algunas características y, sobre todo, pueden reforzar puntos conflictivos de seguridad ante los avances de los ataques cibernéticos.

 TAREA 4

Necesitas instalar la aplicación de *Dropbox* para trabajar en la nube, realizando el almacenamiento y la sincronización de archivos adecuadamente, y no sabes si tu ordenador y tu móvil son compatibles con sus requisitos técnicos.

Haz una búsqueda en un buscador para saber más sobre los requisitos técnicos para instalar *Dropbox* y, a continuación, busca en la configuración de tu ordenador si lo cumpliría.

---

4. Utilizar las herramientas de colaboración en línea: aplicaciones de almacenamiento en línea y productividad, calendarios en línea, medios sociales, reuniones en línea, ambientes de aprendizaje en línea

 HILO CONDUCTOR

Ángeles ya conoce las ventajas de usar estas herramientas de colaboración en línea e incluso es necesario que las ponga en marcha para seguir el ritmo de

Continúa en página siguiente >>

<< Viene de página anterior

la formación que está realizando. Ahora necesita decidir cuáles de ellas son las que más se ajustan a sus necesidades.

Como ya se ha descrito anteriormente, existen distintas funcionalidades que una herramienta colaborativa puede aportar, desde la comunicación en tiempo real hasta la edición de documentos de forma colaborativa. Además, es importante tenerlas en cuenta a la hora de organizar trabajos, repartir tareas, ver productividades, etc.

También existen otra serie de herramientas en línea más específicas para distintos usos más o menos profesionales que es interesante que conozcas. Estas son las siguientes:

- ➲ **Educativas:** estas están encaminadas a la colaboración y la comunicación entre alumnos y con el profesor. Muchas de las herramientas colaborativas que se utilizan son las mismas que para el trabajo o un uso incluso doméstico, pero hay algunas más concretas como *Google for Education, Edmondo* o *Easyclass.*
- ➲ **Programación y desarrollo web:** también existen este tipo de herramientas encaminadas a estas funciones. Así, varias personas podrían trabajar simultáneamente en el mismo código. Algunas son *Codeanywhere, AWS Cloud9* o *ATOM,* entre otras.
- ➲ **Diseño:** estas herramientas están encaminadas al trabajo en equipo y de forma colaborativa entre diseñadores gráficos, que permiten trabajar a distancia y en tiempo real, compartir ideas y archivos. Algunas de estas herramientas específicas son *InVision, Sketch* o *Figma* para diseños y prototipos; o *Conceptboard, Miro* o *Mural* para mapas mentales y lluvias de ideas.

4.1. Aplicaciones de almacenamiento en línea y productividad

Las aplicaciones de almacenamiento en línea ofrecen espacio para guardar documentos y para compartirlos y colaborar con otros usuarios. También permiten acceder desde cualquier lugar, a cualquier hora y desde cualquier dispositivo, siempre y cuando tengan conexión a internet.

Almacenamiento en la nube

Estos archivos se subirán a la nube y se descargarán cuando quieran usarse. Igualmente, algunas aplicaciones de almacenamiento también permiten la edición en línea de los documentos, sin necesidad de descargas, y fomentan el trabajo colaborativo. Algunas de las aplicaciones de almacenamiento más utilizadas son las siguientes:

Google Drive
- Ofrece espacio para almacenar documentos y herramientas de productividad como *Google Docs*, *Sheets* y *Slides*, que permiten la edición de forma simultánea y el seguimiento de cambios realizados por otros usuarios. Tiene funciones de comentarios y de chat.

Dropbox
- Es un espacio de almacenamiento que permite el uso compartido de enlaces, la gestión de permisos de acceso e incluso la integración con aplicaciones de terceros que amplían aún más su funcionalidad. Puedes recuperar archivos y versiones cuando trabajas en documentos colaborativos.

OneDrive
- Es parte de *Microsoft 365* y, por tanto, además de sus características, se integra perfectamente con aplicaciones como *Word*, *Excel* y *PowerPoint*, permitiendo crear, editar y almacenar documentos en la nube.

Una vez que instalas la aplicación de escritorio en tu ordenador (proceso de instalación del *software*) o la usas en línea, accederás a su interfaz y puedes realizar todas las funciones. Suelen ser interfaces intuitivas. También existen aplicaciones para tabletas y dispositivos móviles.

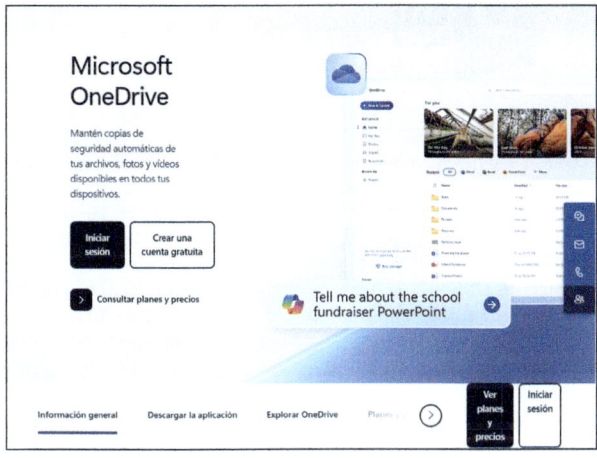

Microsoft OneDrive

 **IMPORTANTE**

Es importante que sepas que algunas de ellas tienen una versión gratuita con capacidad de almacenamiento limitado (pero suficiente para según qué tipos de archivos) que puedes ampliar por un precio mensual de alojamiento. Siempre deberás tener una cuenta con un usuario creado para poder acceder.

4.2. Calendarios en línea

Los calendarios en línea son fundamentales para gestionar el tiempo y los eventos en un ambiente de colaboración, laboral, educativo o incluso familiar. Puedes desde registrar un evento a modo de agenda hasta compartirlo con otros usuarios, invitarlos, hacer un seguimiento, programar reuniones, gestionar tareas, etc. Además, suelen integrarse con otras aplicaciones para trabajar de forma más efectiva. Puedes saber algo más sobre dos de los calendarios más utilizados a continuación:

Outlook Calendar	*Google Calendar*

- Ofrece las características comentadas de un calendario en línea, pero, además, al pertenecer a *Microsoft* permite una integración con el correo electrónico de *Outlook.* Si usas *Outlook* para tu correo electrónico, podrás transferir de manera automática la información de los correos y eventos entre ellos.	- De igual modo, tiene las características comentadas; además, cuenta con alertas y recordatorios también, pero en este caso, al pertenecer a *Google,* será con los productos de *Google* con los que se integre a la perfección, simplificando el uso de aplicaciones y permitiendo mayor control y productividad.

Al igual que ocurría con las aplicaciones de almacenamiento, puedes tener una versión adecuada para *smartphone* instalada y se sincronizará la información entre ambas.

Estos calendarios pertenecen a aplicaciones o marcas con más utilidades o más aplicaciones, sea *Microsoft 365* o *Google,* pero también existen aplicaciones únicamente de calendario que incorporan funcionalidades como avisos, compartir eventos, abrir mapas para ubicar dicho evento, etc.

Calendario en línea Any.do

4.3. Medios sociales

Los medios sociales han redefinido la forma en que las personas se conectan y colaboran en línea. Más allá del uso que ya conoces para estas redes sociales, basadas principalmente en relaciones personales, hay plataformas con espacios colaborativos para compartir conocimientos, ideas, discusiones, más hacia un entorno laboral o educativo. Puedes ver un poco más a fondo esta vertiente en plataformas como *LinkedIn* o *Facebook,* que ya conoces:

LinkedIn	Facebook

- Se basa especialmente en un entorno profesional y la colaboración va en esa línea. Permite a unos usuarios conectarse con otros del gremio, de otras empresas, antiguos contactos, etc., y pueden compartir contenido relacionado con el trabajo, participar en discusiones de grupo, etc. Permite realizar *networking*, también llamado hacer contactos.	- Además de las interacciones personales que probablemente ya conoces, esta aplicación permite crear y administrar grupos colaborativos donde los miembros pueden compartir ideas, documentos, etc., entre usuarios de distintos orígenes.

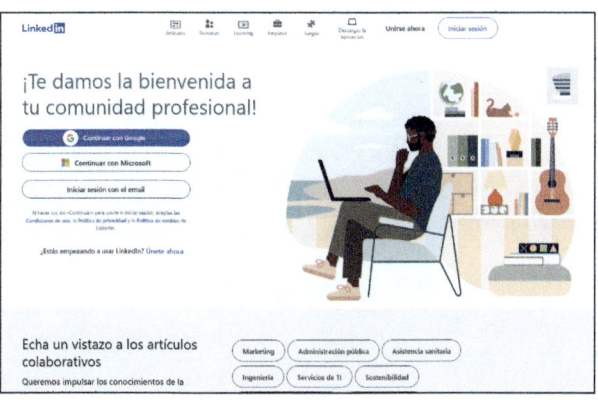

LinkedIn

4.4. Reuniones en línea

Si el tipo de trabajo ya es en línea, compartir documentos, editarlos de forma conjunta, hablar por mensajería instantánea, etc., parece lógico que las reuniones también lo sean. Las aplicaciones de reuniones en línea son indispensables, ya que evitan las reuniones físicas, los desplazamientos, permiten la conciliación, etc., y mantienen la característica de verse las caras a través de videoconferencia.

Estas aplicaciones vienen asociadas a algunas marcas con más herramientas de trabajo colaborativo, marcas que ya conoces, o bien algunas son específicas para este fin. Muchas de ellas son gratuitas o, al menos, para unas determinadas limitaciones de número de personas asistentes y alguna que otra funcionalidad. Puedes saber algo más sobre ellas a continuación:

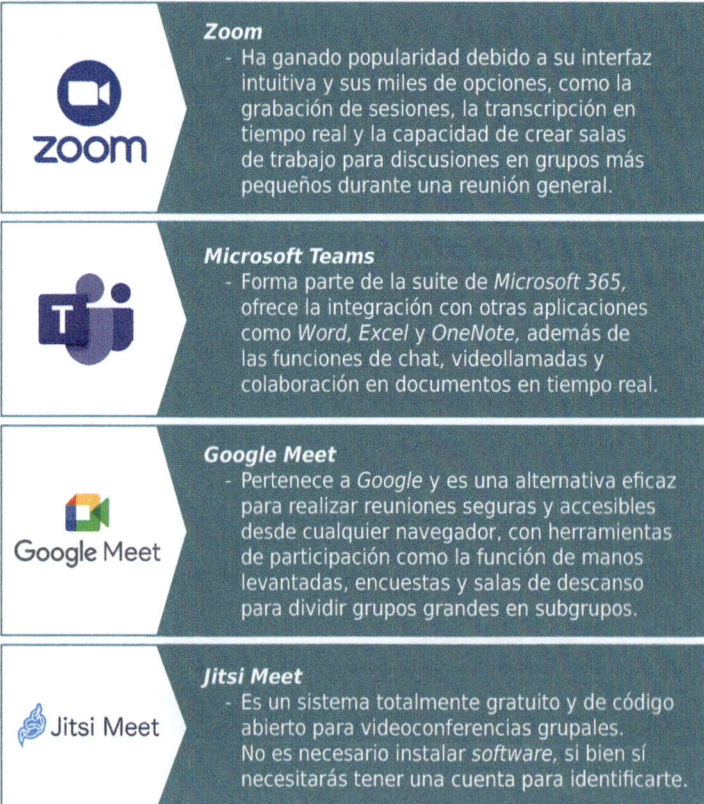

Zoom
- Ha ganado popularidad debido a su interfaz intuitiva y sus miles de opciones, como la grabación de sesiones, la transcripción en tiempo real y la capacidad de crear salas de trabajo para discusiones en grupos más pequeños durante una reunión general.

Microsoft Teams
- Forma parte de la suite de *Microsoft 365*, ofrece la integración con otras aplicaciones como *Word*, *Excel* y *OneNote*, además de las funciones de chat, videollamadas y colaboración en documentos en tiempo real.

Google Meet
- Pertenece a *Google* y es una alternativa eficaz para realizar reuniones seguras y accesibles desde cualquier navegador, con herramientas de participación como la función de manos levantadas, encuestas y salas de descanso para dividir grupos grandes en subgrupos.

Jitsi Meet
- Es un sistema totalmente gratuito y de código abierto para videoconferencias grupales. No es necesario instalar *software*, si bien sí necesitarás tener una cuenta para identificarte.

El uso de las reuniones en línea empezó a ser habitual y esencial durante la pandemia. A partir de entonces, el teletrabajo tomó un lugar más importante y desde entonces se han ido desarrollando funcionalidades en las aplicaciones en línea para hacer que el trabajo en remoto no desmerezca las posibilidades de un trabajo en el puesto físico.

Reuniones en línea

 **PARA SABER MÁS**

Puedes ver algunas de las herramientas más utilizadas en entornos laborales para mejorar la productividad en el siguiente artículo. Accede desde aquí.

https://redirectoronline.com/ifcd290301

4.5. Ambientes de aprendizaje en línea

La educación es otro pilar importante para las herramientas colaborativas en línea. Este tipo de herramientas dieron un vuelco al significado de la formación a distancia tal y como se entendía, ya que dejaba de ser un hecho aislado e individual y se convertía en un espacio colaborativo donde poder relacionarse con otros compañeros, obtener *feedback* inmediato de los profesores, etc. Algunas herramientas específicas para este uso son:

➲ ***Moodle:*** es una herramienta de gestión del aprendizaje altamente personalizable que permite a los educadores crear cursos en línea, gestionar evaluaciones y facilitar la comunicación con los estudiantes. Sus capacidades de seguimiento y evaluación permiten monitorear el progreso y la participación del estudiante.

➲ ***Blackboard:*** es popular en el ámbito universitario y cuenta con muchas funciones para la interacción dentro de un entorno de aprendizaje virtual y enriquecer el proceso de enseñanza.

⮑ **Canvas LMS:** es una aplicación con un diseño intuitivo y moderno que ofrece herramientas para crear materiales de cursos interactivos y, además, permite la integración con otras plataformas como *Google Docs* o *Dropbox.* Su fuerte enfoque en la experiencia del usuario mejora el compromiso del estudiante y la efectividad del aprendizaje.

PARA SABER MÁS

Puedes conocer más herramientas colaborativas en línea aconsejables para el aprendizaje en el aula en el siguiente artículo. Accede desde aquí.

https://redirectoronline.com/ifcd290302

4.6. Nuevas tendencias en las herramientas colaborativas en línea

Las herramientas colaborativas experimentan un gran desarrollo continuamente. Si bien ya está bastante integrado en nuestras tareas habituales utilizar este tipo de herramientas para trabajar o estudiar en remoto, así como para favorecer la productividad y la eficacia en estos entornos, siempre hay más margen de innovación. Existen algunas tendencias emergentes que aplican novedades a la hora de trabajar en equipo y hacen más sencillas algunas tareas. Algunas de estas mejoras y avances en herramientas colaborativas son:

- **Una sola plataforma:** parece evidente que la tendencia es intentar reunir en una sola plataforma todas las funcionalidades, videoconferencias, mensajería instantánea, almacenamiento o gestión. Empiezan a ser más competitivas las herramientas que ofrecen múltiples funciones.
- **Realidad aumentada y realidad virtual:** estas opciones permiten trabajar al equipo en entornos virtuales compartidos, independientemente de dónde se encuentre cada uno. Pueden estar juntos físicamente y pueden visitar espacios concretos, y mejoran las experiencias y las enriquecen, ya que hay elementos digitales con los que interactuar o incluso imágenes digitales, gráficos, etc.
- **Colaboración no simultánea:** existe una tendencia de solucionar ciertas diferencias horarias entre miembros de equipos de trabajo en distintas zonas geográficas. Permitirían los mensajes en diferido o poder trabajar los documentos compartidos independientemente.
- **Inteligencia artificial:** parece evidente que también la inteligencia artificial pudiera aplicarse a estas herramientas de trabajo colaborativo para mejorar aún más la eficiencia y la experiencia de usuario. Son pequeñas funcionalidades como traducciones, análisis predictivos, etc.
- **Automatización de procesos:** esta mejora parece lógica. Hay flujos de trabajo o tareas repetitivas y la evolución lógica es tender a que se hagan de forma automática.

Herramientas de realidad aumentada

 **VÍDEO**

La realidad virtual y la realidad aumentada se están aplicando en el aula gracias a su gran poder didáctico y la manera en la que los alumnos interactúan y se emocionan. Puedes ver algo más sobre realidad aumentada y realidad virtual en clase en el siguiente vídeo. Accede desde aquí.

https://redirectoronline.com/ifcd290303

Plataformas colaborativas en línea con inteligencia artificial

Esta será la nueva generación de herramientas colaborativas, ya con la inteligencia artificial integrada en sus procesos para mejorar la efectividad y la productividad. Los expertos aseguran que su uso debe ser para estos fines y no para fines meramente económicos. Algunas de las más utilizadas actualmente en entornos laborales son las siguientes:

Manejar la agenda
- La IA permite desde la obtención automática de datos hasta ayuda en las propias reuniones, con resúmenes, grabaciones, subtítulos, etc.

Automatizar tareas
- Hay tareas rutinarias y repetitivas para las que la IA puede sugerir automatizaciones basadas en los patrones de trabajo de los usuarios, para optimizar procesos.

Continúa en página siguiente >>

<< *Viene de página anterior*

Manejar proyectos
- La IA toma datos de la información de proyectos anteriores para predecir los recursos que necesitas para el próximo, por ejemplo, tiempo dedicado a tareas, plazos, equipos, etc.

Mejorar la comunicación
- Existen funcionalidades de la IA encaminadas a revisar los mensajes que vas a escribir, sugiriendo un mejor tono, corrigiendo puntuación o expresiones, etc., antes de mandarlos.

 **PARA SABER MÁS**

Si estás interesado en la inteligencia artificial, de aplicación en herramientas colaborativas y en otras funciones, puedes leer más en el siguiente artículo. Accede desde aquí.

https://redirectoronline.com/ifcd290304

5. Colaboración móvil: conceptos clave, utilización de dispositivos móviles, aplicaciones, sincronización

👉 HILO CONDUCTOR

Ángeles ha escuchado hablar de la colaboración móvil y entiende que tiene que ver con el uso de los dispositivos móviles o portátiles, pero le gustaría saber un poco más sobre el tema, por si le puede resultar de utilidad aplicarlo en su etapa formativa o en su etapa laboral, más adelante.

Tal y como se ha comentado anteriormente en varias ocasiones, las tecnologías han avanzado muchísimo y gracias a la conexión a internet podemos relacionarnos personal, formativa y laboralmente con otros usuarios y realizar tareas o trabajos de manera colaborativa y simultánea.

Parece que el hecho de no estar físicamente en tu sitio de trabajo es algo que ya hemos interiorizado, pero siempre queda la duda a los más escépticos de si será posible estar perfectamente enfocado, conectado, atento, integrado, etc., con el resto de compañeros y el curso del trabajo en marcha.

La colaboración móvil no es más que la posibilidad de que varios usuarios puedan estar en distintos lugares físicos y que puedan colaborar en la resolución de tareas, problemas, etc., utilizando dispositivos móviles, sin menoscabar la productividad de un equipo o proyecto.

DEFINICIÓN

Ecosistema móvil
Conjunto de dispositivos, aplicaciones, sistemas operativos y procesos que se ven afectados por la incorporación y el uso potencial de los *smartphones* y tabletas.

Este apartado está enfocado principalmente a los entornos laborales, si bien los conceptos desarrollados en cuanto a beneficios, riesgos, tipos de dispositivos móviles, instalación de aplicaciones, sincronización, etc., son aplicables a cualquier ámbito en el que se utilicen este tipo de dispositivos.

Colaboración móvil y comunicación instantánea

5.1. Conceptos clave de la colaboración móvil

Para que esta colaboración móvil funcione, no solo hay que tener un dispositivo móvil y un acceso a internet, va más allá. Pasa por un cambio de mentalidad importante, sobre todo en el ámbito laboral, en el que no es necesario estar físicamente en un espacio para trabajar o para ser eficiente o productivo.

Es importante implementar una estrategia para esta colaboración móvil no solo en el aspecto tecnológico, sino también respecto a la mentalidad de las personas que trabajan en dicho entorno móvil. Esta estrategia sigue unos criterios que determinarán parte del éxito:

- ◗ **Intercambio de información.** El hecho de no estar en el mismo espacio físico no debe limitar la comunicación y el intercambio de información de manera natural. Esta información puede ser sobre clientes, tendencias, estado de los proyectos, etc. Toda esta información suma en el conocimiento general y ayuda al avance de la empresa.
- ◗ **Confiar en los equipos de trabajo.** Uno de los males que más ralentiza la instauración de estos modelos de trabajo móviles es que si no se ve a

alguien trabajando físicamente, se presupone que puede no estar trabajando. El hecho de confiar en el trabajo de forma remota, basado en
trabajar con compromisos, con objetivos y motivación, es fundamental
para el funcionamiento de estos modelos.

- **Herramientas sencillas e intuitivas.** Es fundamental que las herramientas no supongan un problema o ralenticen el proceso de trabajo en remoto. Cuando más sencillas e intuitivas, más gente tendrá acceso a ellas,
más gente querrá usarlas y animarán a otros compañeros a hacerlo. Se
mejorarán los flujos de trabajo y se traducirá en productividad.

- **Acceso a datos y aplicaciones en remoto.** Para que los trabajadores
en estos entornos móviles puedan ser realmente productivos, deben
poder acceder tanto a aplicaciones como a datos. De esta forma no tendrán que dejar tareas incompletas o contar con otros compañeros para
terminarlas.

La colaboración móvil aporta una serie de beneficios que probablemente
ya has deducido después de todo lo comentado. Son beneficios relacionados con la eficiencia, el ahorro del tiempo, el intercambio de información de
forma rápida e inmediata, y, por supuesto, económicos.

Trabajo en remoto aprovechando esperas

Todos estos beneficios no implican que no haya riesgos o peligros, que los
hay, y algunos de ellos aumentan potencialmente al estar fuera de oficina,
por ejemplo. Algunos de ellos son los siguientes:

- **Pérdida, robo o destrucción de dispositivos.** Esta situación no solo
implica una pérdida económica, sino también la opción de que se pro-
duzca un uso fraudulento de datos confidenciales, etc. Además, a veces
suele darse la situación de que estos recursos también son utilizados
con fines personales por el empleado al que se le ha asignado, con lo

que es más fácil que su uso se extienda a zonas de ocio, deportivas, etc., que también podría acarrear este tipo de problemas. Es importante que se lleve un control del tipo de dispositivo, de a quién se le ha entregado y de su forma de sustitución en caso de ser necesario.

- **Robo de credenciales.** Hay algunas prácticas que realizamos y no son del todo adecuadas, como, por ejemplo, teclear una clave delante de otras personas y, en muchos casos, fuera del entorno laboral: en un aeropuerto, en un hotel, en un restaurante, etc. O puede que esta contraseña esté pegada al dispositivo en un pósit. Este tipo de relax en esas costumbres puede conllevar problemas del tipo de robo de credenciales.
- **Pérdida de información.** Estas posibles brechas de seguridad comentadas, o bien no bloquear un dispositivo si te vas a levantar un momento de una sala de reuniones en otra empresa, por ejemplo, pueden conllevar una fuga de información, pueden comprometer datos.
- **Conexión a redes inseguras.** Es probable que, si no contamos con conexión suficiente en nuestros dispositivos móviles, nos conectemos a redes abiertas en hoteles, restaurantes, aeropuertos, etc., redes de las que no conocemos su seguridad, quién está detrás, cómo son sus cortafuegos, etc. Para el material sensible no es recomendable confiar al 100 % en este tipo de redes públicas.

5.2. Uso de dispositivos móviles

Los dispositivos móviles nos permitirán estar en contacto con otros compañeros y usuarios, tener acceso a las distintas herramientas de trabajo colaborativo en línea y poder editar documentos. Estos dispositivos permitirán que trabajemos no solo fuera de la oficina, sino también en situaciones en las que no dispongamos de tiempo o espacio para montar una oficina en remoto con un portátil.

 **EJEMPLO**

Esta colaboración móvil también está pensada para que un trabajador pueda resolver cuestiones, consultar datos, responder a clientes o a compañeros, etc., en otros espacios más de paso, como hoteles, aeropuertos en las esperas, en una cafetería, etc., con su *smartphone* o su tableta.

En estos casos, las empresas dotarán a los trabajadores de los dispositivos necesarios y darán instrucciones en cuanto a su uso, seguridad, aplicaciones instaladas, etc. Existen unos consejos a la hora de utilizar dispositivos móviles que pueden hacer que la colaboración sea más eficiente. Algunos de ellos son:

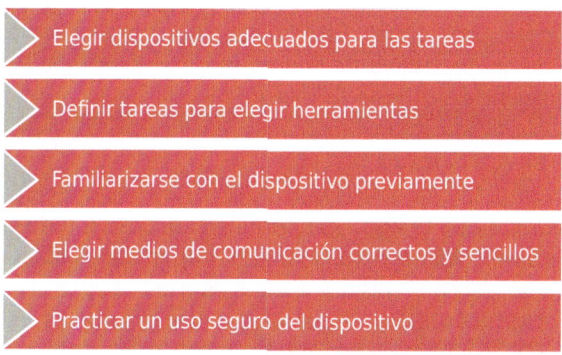

> Elegir dispositivos adecuados para las tareas

> Definir tareas para elegir herramientas

> Familiarizarse con el dispositivo previamente

> Elegir medios de comunicación correctos y sencillos

> Practicar un uso seguro del dispositivo

Dispositivos móviles

5.3. Aplicaciones móviles

La gran mayoría de las aplicaciones que puedes instalar en un equipo informático de sobremesa puedes instalarlas en un portátil, pero también existen sus homónimas para tabletas y *smartphones.* De esta manera, la colaboración móvil en entornos laborales, en cuanto a aplicaciones, sería viable.

IMPORTANTE

Es importante tener en cuenta una serie de recomendaciones a la hora de instalar aplicaciones móviles. Muchas de las aplicaciones que se instalen, pedirán acceso a terceras aplicaciones, a contactos de la agenda o a fotos que tienes almacenadas, por ejemplo. Esto no debe hacerse a la ligera, mucho menos si se trata de un dispositivo de la empresa, con fines laborales y con acceso a material sensible.

Es importante que la empresa permita el acceso a toda la información y a todas las aplicaciones, pero, como contrapartida, el usuario debe ser cuidadoso con las aplicaciones que instala para el trabajo o al margen del trabajo en ese dispositivo, porque puede generar brechas en cuanto a los datos confidenciales e información sensible. Así, existen algunas recomendaciones básicas a la hora de instalar aplicaciones que puedes ver aquí:

- **Aplicaciones permitidas.** Es posible que existan políticas de empresa respecto a la seguridad a la hora de instalar aplicaciones y haya algún tipo de listado de aplicaciones permitidas o no permitidas. Debes seguir estas indicaciones.
- **Condiciones de uso e instalación.** Tenemos la costumbre de aceptar las condiciones de instalación de las aplicaciones sin leer muy a fondo; es importante leerlo, ya que debemos controlar siempre, pero más en estos casos: los permisos de acceso a datos, otras aplicaciones, etc.
- **Descargas oficiales.** Esto parece muy obvio, pero serán más fiables las aplicaciones que se descarguen desde sitios de descargas de aplicaciones oficiales *(Play Store* o *App Store)*. Descargar desde páginas de terceros o de dudosa procedencia podría estar poniendo en riesgo nuestro dispositivo y su material.

5.4. Sincronización

Hasta ahora hemos hablado de la posibilidad de trabajar en distintos dispositivos y poder acceder a información y resolver cuestiones desde cualquiera de ellos. Pero ¿qué ocurre con los documentos que edites, crees y escribas en cada uno de ellos? ¿Tendrás que volver a cada dispositivo a consultar el documento que editaste en él? Este problema, que no es tal, se resuelve gracias a la sincronización de dispositivos.

DEFINICIÓN

Sincronizar archivos

Actualización de archivos de igual modo en dos o más dispositivos. De esta manera, puedes tener la información actualizada y accesible en todos los dispositivos, cosa que, obviamente, se traduce en comodidad y, sobre todo, en productividad. No tendrías que perder tiempo en pasar documentos de algún modo entre uno y otro.

Para que esta sincronización tenga lugar, es fundamental la computación en la nube. Ya has oído hablar varias veces del concepto de la nube como espacio virtual donde se almacenan archivos.

La sincronización entre los distintos dispositivos pasa por la nube; así, si añades alguna reunión o evento en el calendario desde tu *smartphone,* esto va a la nube de manera inmediata (o bien en un intervalo corto de tiempo que tienes definido previamente) y, una vez actualizado este registro en ella, envía estos cambios a los distintos dispositivos.

IMPORTANTE

Obviamente, para que se sincronicen los dispositivos, deben estar conectados a internet. Si estás trabajando en una aplicación colaborativa, probablemente estés conectado a internet al mismo tiempo, pero existen opciones de usar estas herramientas en modo *offline*, gracias a su instalación. Eso sí, todos los cambios y ficheros nuevos, contactos nuevos, etc., que creases no estarían actualizados para los demás colaboradores o en la nube hasta que no tuvieses conexión.

Sincronización de dispositivos

APLICACIÓN PRÁCTICA

Un trabajador tiene que realizar un viaje en avión para asistir a una reunión con el cliente. Quiere aprovechar las esperas y el viaje en sí mismo para adelantar trabajo y perfilar la presentación que quiere realizar. Tiene todos sus documentos en la nube y las aplicaciones instaladas en su dispositivo móvil. ¿Puede trabajar antes de embarcar y durante el vuelo, y que sus compañeros puedan tener el documento actualizado para la reunión?

Solución

Sí, existe una forma de trabajar en estas herramientas sin conexión, *offline,* con las aplicaciones instaladas y los documentos bajados de la nube. Para que sus compañeros pudiesen tener dicha presentación, tendría que volver a conectarse a internet al aterrizar para actualizarla.

Ya estabas familiarizado con el uso de la nube para guardar archivos de las herramientas colaborativas en línea y sus ventajas, pero es importante tener algunas de ellas en cuenta para el trabajo con dispositivos móviles, más allá de la comodidad. Puedes verlas aquí:

- **Espacio limitado de dispositivos.** Los dispositivos no tienen una gran capacidad de almacenaje y pueden funcionar peor si esta está a punto de agotarse o agotada. Es por eso que guardar en la nube permite tener liberado el espacio del dispositivo.
- **Acceder desde cualquier sitio.** No hay forma de que te dejes atrás un documento o un archivo que necesitas, siempre puedes acceder a él con conexión a internet.
- **Acceder en cualquier momento.** De igual modo, puedes acceder a un documento y editarlo minutos antes de una reunión o de imprimir, etc.
- **Copia de seguridad.** Sin querer, al guardar en la nube estás haciendo una copia de seguridad de tus documentos a los que podrás acceder con instalar la herramienta de acceso y tus credenciales desde otro dispositivo si, por ejemplo, a tu dispositivo le pasase algo.

6. Resumen

La revolución digital ha transformado la manera en que las personas se conectan, interactúan y colaboran en todo el mundo. En este contexto, las herramientas de colaboración en línea se han convertido en facilitadores indispensables de la comunicación y el trabajo conjunto. Si bien estas herramientas fueron inicialmente adoptadas por empresas y organizaciones que reconocieron su potencial para mejorar la eficiencia y la productividad, su uso se ha extendido a muchos otros ámbitos, desde la educación hasta las actividades domésticas.

La colaboración en línea no solo elimina las barreras geográficas, permitiendo el intercambio de ideas y recursos globalmente en cuestión de segundos, sino que también fomenta una cultura de cooperación y empatía, tratar con personas con diferentes habilidades o talentos, sin importar su ubicación física.

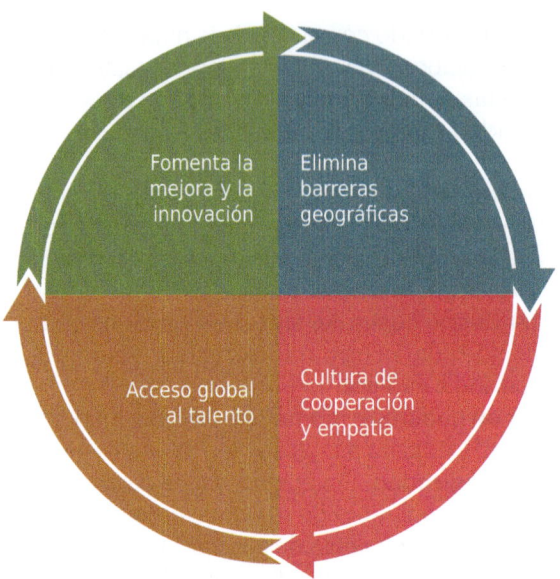

Es esencial comprender las características clave de estas herramientas no solo para aprovechar sus beneficios inmediatos, sino para asegurar un entorno digital seguro y efectivo. Es importante tener en cuenta las restricciones que podemos encontrar o las limitaciones técnicas al uso de las distintas herramientas.

Además, es importante ver la tendencia también al auge de la comunicación móvil y cómo seguir trabajando en remoto, pero con dispositivos móviles o tabletas sin perder capacidad de trabajo o de estar perfectamente comunicado e informado en cualquier momento y desde cualquier punto geográfico.

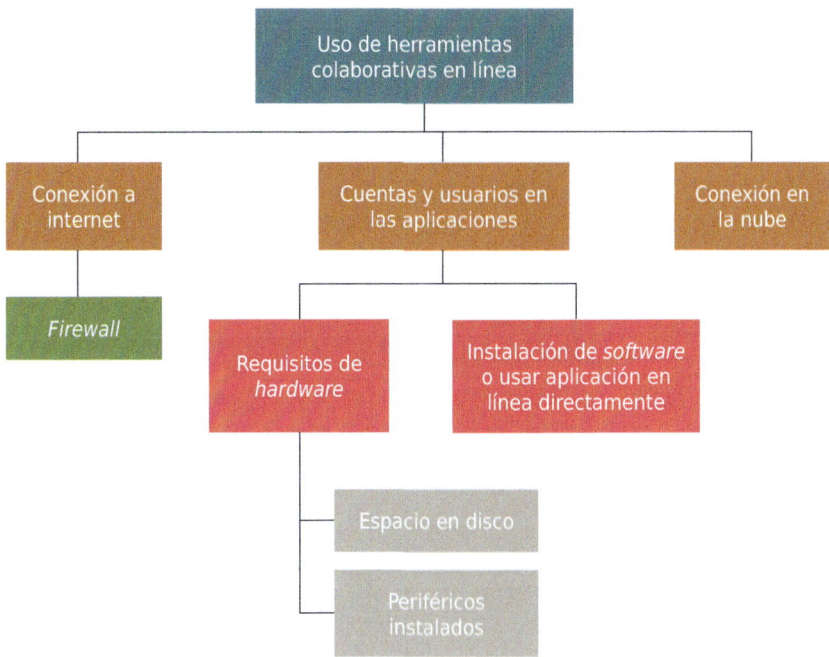

Ejercicios de autoevaluación
Unidad de Aprendizaje 3

1. **¿Cuál de las siguientes ventajas del uso de herramientas colaborativas en línea no es correcta?**

   a. Mayor productividad.
   b. Fomento de la innovación y el acceso global al talento.
   c. Aumento de costes por las nuevas tecnologías.
   d. Mejora de la comunicación.

2. **¿Cuál de las siguientes herramientas colaborativas en línea es usada principalmente en el ámbito educativo?**

   a. *InVision*
   b. *Easyclass*
   c. *Conceptboard*
   d. *Figma*

3. **¿Cuál de las siguientes no es una aplicación de almacenamiento en la nube?**

   a. *Slack*
   b. *Dropbox*
   c. *Google Drive*
   d. *OneDrive*

4. **¿Cuál de las siguientes afirmaciones sobre los *firewalls* del sistema es incorrecta?**

   a. No deja acceder a determinadas aplicaciones que parecen sospechosas.
   b. Es un problema para nuestro trabajo, ya que pone limitaciones a todo, mejor desactivarlo.
   c. Pueden funcionar distinto si se trata de una red doméstica o de un centro comercial.
   d. Avisa si alguien está intentando conectarse a tu equipo de forma fraudulenta.

5. Relaciona cada herramienta con su funcionalidad más significativa:

    a. *Microsoft Teams*
    b. *Moodle*
    c. *Google Calendar*
    d. *Codeanywhere*

    __ Calendario digital.
    __ Reuniones en línea.
    __ Código de programación.
    __ Crear cursos en línea.

6. Las herramientas colaborativas en línea permiten trabajar con archivos y documentos de forma simultánea o conectarse para mantener una reunión, pero todavía no han desarrollado opciones para la gestión de proyectos o asignación de tareas y ver rendimientos.

    ■ Verdadero
    ■ Falso

7. ¿Cuál de las siguientes recomendaciones debes seguir a la hora de instalar aplicaciones en un dispositivo móvil de empresa?

    a. Ver cuáles están permitidas por tu empresa.
    b. Leer cautelosamente las condiciones de instalación.
    c. Solo descargar herramientas oficiales, de sitios oficiales.
    d. Todas las opciones son correctas.

8. ¿Utilizar aplicaciones colaborativas en línea siempre tiene costes elevados, además del pago de la conexión a internet?

    a. No, siempre hay que pagar, pero son costes asequibles.
    b. No, existen versiones gratuitas de las herramientas con algunas limitaciones.
    c. Sí, no es viable trabajar con este tipo de herramientas a no ser que estés dentro de una empresa que sufrague esos costes.
    d. Sí, a no ser que seas estudiante y tengas una versión con descuentos.

9. Determina si la siguiente oración es verdadera o falsa: "Los documentos que tengas en la nube solo serán visibles por otros usuarios con quien los compartas, pero no podrán editarlos".

   ■ Verdadero
   ■ Falso

10. Determina si la siguiente oración es verdadera o falsa: "No es posible trabajar sin conexión a internet durante un tiempo en el entorno de colaboración móvil".

   ■ Verdadero
   ■ Falso

Seguridad informática

Contenido

Objetivos

El objetivo general de esta Unidad
de Aprendizaje es:

→ Aplicar las técnicas y las
  aplicaciones vigentes para
  mantener una conexión
  segura de red, utilizar
  internet de manera segura y
  administrar datos e información
  apropiadamente.

Los objetivos específicos de esta
Unidad de Aprendizaje son:

→ Conocer los principios básicos
  de la seguridad informática.

→ Tomar conciencia de las
  distintas amenazas que pueden
  sufrir los datos.

→ Hacer copias de seguridad de
  los archivos y documentos en
  la nube o en otra unidad de
  almacenamiento.

1. Introducción

La seguridad informática se ha convertido en una preocupación central para individuos, organizaciones, empresas e incluso Gobiernos de todo el mundo. Ya sabes que existen los ciberdelitos y las amenazas a través de internet, que es un campo que va creciendo y renovándose, y que hay que prepararse para no poner en riesgo nuestra privacidad, nuestras finanzas e incluso nuestra seguridad personal. Así, es prioritario comprender y adoptar medidas que aseguren nuestro entorno digital.

Como se ha descrito hasta ahora, no se trata solo de proteger equipos o, más lejano a nosotros, servidores, empresas importantes, etc., hay que garantizar la confidencialidad de la información, incluso en tu uso diario de internet.

Los virus, hace décadas, eran pequeños ataques que hacían que tu equipo informático fuese más lento, por ejemplo, pero en la actualidad se trata de amenazas a mayor escala, de fraudes, de suplantación de identidad, etc. Es lógico que, ante el crecimiento exponencial del uso de la web y de los dispositivos electrónicos, unido a nuestra dependencia y a la cantidad de horas y de uso que le damos, también esos ataques y esos peligros sean mayores.

La comunicación digital ha saltado sobre los confines físicos, lo cual es un gran logro de nuestro tiempo. Pero cada correo electrónico que enviamos, cada mensaje instantáneo que compartimos, es potencialmente una vulnerabilidad que debe ser resguardada. Es necesario aprender sobre las herramientas y los protocolos que aseguran nuestras comunicaciones, garantizando que nuestra información no es interceptada por partes no deseadas.

Ángeles lee noticias y escucha casos que la hacen estar asustada ante este tipo de peligros o de amenazas. Pero sabe que no puede solo asustarse, que es fundamental ampliar conocimientos en este tema, aprender a protegerse y a proteger sus dispositivos, aunque sea en el ámbito doméstico y educativo, que es para lo que ella hace uso de internet, las redes sociales, los correos electrónicos o el acceso a la página del banco, por ejemplo.

2. Conceptos de seguridad: amenaza para los datos, valor de la información, seguridad personal, seguridad de un archivo

👉 HILO CONDUCTOR

Ángeles no está tranquila con el hecho de proteger su ordenador y hacer un uso controlado de internet porque sabe que, más allá de ella, sus datos y su información también navegan por la web, y le preocupa que las empresas a las que da sus datos para alguna gestión los cuiden y los protejan.

La seguridad informática son aquellos protocolos o medidas que se toman para reducir los riesgos de amenazas, para detectarlas, prevenirlas y garantizar que, en caso de que ocurran este tipo de situaciones, pueda recuperarse el orden.

Seguridad informática

Tanto en el ámbito personal como empresarial, es muy importante que se cumplan unos principios básicos encaminados a garantizar esta seguridad informática. Podemos hacer un uso exclusivamente doméstico de nuestros equipos, para los que obviamente nos encargaremos de proveer seguridad, pero también debemos saber que, indirectamente, nuestros datos e información personal están en manos de otras empresas. Todos rellenamos formularios, nos registramos en aplicaciones, hacemos compras por internet, accedemos a ver los movimientos bancarios, etc. Así que es importante conocer y aplicar los siguientes principios básicos:

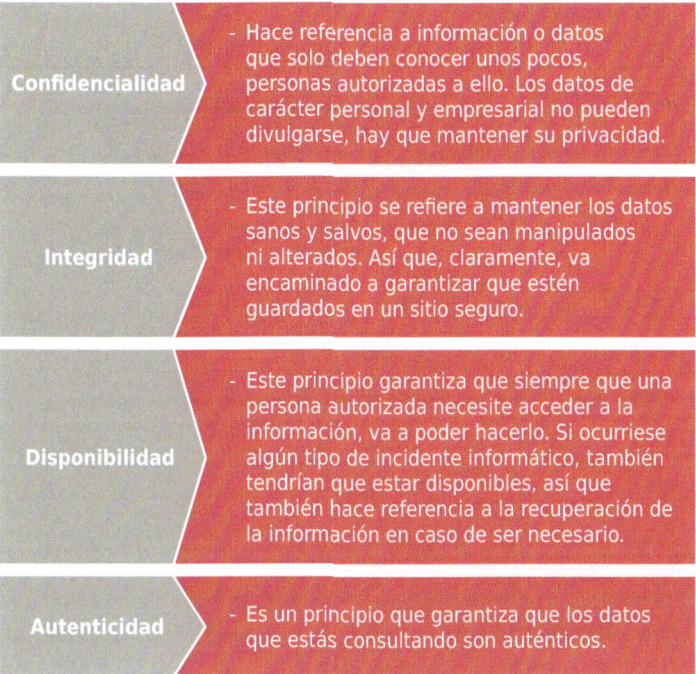

Confidencialidad	- Hace referencia a información o datos que solo deben conocer unos pocos, personas autorizadas a ello. Los datos de carácter personal y empresarial no pueden divulgarse, hay que mantener su privacidad.
Integridad	- Este principio se refiere a mantener los datos sanos y salvos, que no sean manipulados ni alterados. Así que, claramente, va encaminado a garantizar que estén guardados en un sitio seguro.
Disponibilidad	- Este principio garantiza que siempre que una persona autorizada necesite acceder a la información, va a poder hacerlo. Si ocurriese algún tipo de incidente informático, también tendrían que estar disponibles, así que también hace referencia a la recuperación de la información en caso de ser necesario.
Autenticidad	- Es un principio que garantiza que los datos que estás consultando son auténticos.

2.1. Amenaza para los datos

Las amenazas son las actividades maliciosas o que pueden hacer daño a los sistemas informáticos, a la información y los datos. Un ciberataque está dirigido habitualmente a datos, sistemas informáticos, redes o dispositivos de una empresa u organización para acceder de forma no autorizada y comprometer su confidencialidad, integridad o disponibilidad, principios que ya conoces.

Estas amenazas pueden ser accidentales o provenir de ataques intencionados. Algunas de las causas son:

No humanas, producidas por:	Humanas involuntarias, por errores:
- Desastres naturales - Explosiones - Cambios de voltaje - Humedad o temperatura	- De diseño - De mantenimiento - Falta de confidencialidad de empleados

Humanas intencionadas

- Vandalismo
- Robos
- Acceso a personal no autorizado
- *Malware*
- Fraudes

 **DEFINICIÓN**

Hacker o pirata informático

Es la persona con grandes conocimientos en informática, que conoce el funcionamiento interno y es experta en seguridad. Originalmente, el término se relacionaba con esta persona que utilizaba sus conocimientos para mejorar la seguridad del sistema o desarrollar mejoras tecnológicas. En la actualidad, se escucha más este término ligado a las personas que explotan las vulnerabilidades del sistema para hacer el mal, para robar datos o para, simplemente, dejarlos inutilizados.

Representación de hacker informático

Obviamente, a medida que la exposición es mayor (trabajo en la nube, dispositivos móviles, etc.) también aumentan las amenazas. Existen distintos tipos de amenazas, estas pueden ser las siguientes:

Malware
- Se trata de *software* malicioso que puede tener distintos objetivos una vez que infecta tu sistema, causar daños o robar información. Algunos tipos de *malware* son *ransomware*, caballo de Troya o *spyware*, entre otros.

Ingeniería social
- Son ataques que utilizan la manipulación psicológica para lograr que la persona a la que están atacando haga la acción que necesitan, revelen información, a través de correos electrónicos, sitios web falsos, etc. Uno los ataques de este tipo más conocidos es el *phishing*.

Amenazas internas
- Estas provienen de personas de dentro de la organización que, intencionalmente o no, comprometen la seguridad, como exempleados con malas intenciones o personal descuidado que no sigue los procedimientos adecuados de seguridad.

Ataque DoS distribuidos
- Estos ataques buscan sobrecargar un sistema para hacerlo inaccesible a sus usuarios legítimos. Un ejemplo es inundar un servidor web con tanto tráfico que sus recursos se agotan.

2.2. Valor de la información

A nivel particular, la información personal es muy valiosa. Es aquella que nos identifica, pero también la que nos permite realizar ciertos trámites financieros, compras, con otras personas, etc. Si no se protege bien esta información, se pueden tener riesgos de suplantación de identidad, de robo, de extorsión, etc. A lo largo de esta unidad y en las anteriores, se han descrito formas de proteger esta información, siendo cuidadoso en las prácticas, utilizando contraseñas seguras, protegiendo la privacidad, etc.

A un nivel mayor, de organización o empresa, el valor de la información también es altísimo, también manejan nuestros datos personales, que pueden ser de carácter financiero, de carácter médico, nuestros gustos en compras, etc. Pero, además, tienen acceso a datos precisos en los cuales se basan para tomar decisiones de carácter empresarial, en cuanto a innovación, para ofrecer al usuario mejores experiencias, ofertas e interacciones, etc.

 IMPORTANTE

Por todas estas razones, proteger la información es algo fundamental en el uso de internet y el avance debe ir en esta línea, en la de minimizar riesgos y ofrecer de forma activa más protección.

2.3. Seguridad personal

Existen prácticas que nosotros como usuarios podemos llevar a cabo y protegernos personalmente ante posibles ciberataques, además de una presumible precaución a la hora de navegar por internet. Estas son algunas de las más recomendables:

- **Copia de seguridad de datos:** además de tener una copia de seguridad de tus archivos en caso de cualquier problema técnico o incluso error humano de esos archivos, es necesario tener una copia de seguridad aislada de la red para recuperar la información en caso de un ciberataque, mediante la restauración de dicha copia.
- **Mantener *softwares* y antivirus actualizados:** tanto *softwares* como antivirus van evolucionando en medidas de protección y, sobre todo, en identificación de nuevos ataques y amenazas que se van desarrollando.
- **Uso inteligente de contraseñas:** esta opción parece muy evidente, pero es fundamental que elijas contraseñas seguras, que no sea la misma para todos los servicios a los que accedas, que no sean fáciles de adivinar o que no contengan datos tuyos fácilmente reconocibles, etc.
- **Ser cauto a la hora de realizar pagos:** desconfiar de sitios que no nos dan tranquilidad es fundamental para navegar por ellos, pero sobre todo a la hora de realizar pagos o introducir datos sensibles. Asegúrate de que la dirección del navegador contenga HTTPS o que esté de color verde, serán signos de garantía de una conexión segura.
- **No seguir enlaces o hacer clic indiscriminadamente:** hacer clic en sitios de dudosa procedencia, en gangas u ofertas demasiado perfectas, o simplemente que no tengan un remitente conocido puede exponernos a ciberataques más fácilmente.

⊕ PARA SABER MÁS

Es posible que teletrabajes y accedas a internet para otras cuestiones personales desde los mismos dispositivos. En este caso, es importante saber cómo proteger tu privacidad *online*. Puedes leer este artículo para saber más. Accede desde aquí.

https://redirectoronline.com/ifcd290401

Además de estas recomendaciones más generales, existen otras formas de protegernos ante determinadas situaciones, por ejemplo, bloquear el acceso a la *webcam* para que un ciberatacante no pueda acceder y grabarte sin permiso, establecer controles parentales para limitar los contenidos a los que pueden acceder los menores, utilizar un bloqueador de anuncios para protegerte de publicidad y *banners* en los que puedes hacer clic por equivocación.

Control parental, seguridad del menor en internet

ACTIVIDAD COMPLEMENTARIA

5. Ya conoces las muchas formas en las que puede producirse un ataque con algún tipo de fraude a través de internet o SMS. Ha llegado a tu teléfono el siguiente mensaje y no sabes muy bien cómo proceder. Comenta tus opciones

> Mensaje de texto
> martes, 15:47
>
> NETFLIX: Su ultimo pago ha sido rechazado, su cuenta sera suspendida el 15/04.
> Renueva tu pago en: netflix-pago-es.com

- -

Uso de contraseñas

Parece muy fácil y obvio crear contraseñas para acceder a determinados sitios o servicios en internet. Pero el problema o la complicación llega cuando son tantas contraseñas que puede resultar difícil ser creativo, sobre todo con algunos condicionantes que deben cumplir para ser seguras.

No debes usar contraseñas débiles, considerándose como tal aquella que tiene números o letras secuenciales, son cortas o utilizan palabras habituales, apellidos, nombres, etc. Algunas contraseñas débiles serían, por ejemplo: "12345678", "abcdef", "contraseña123", etc.

Algunas recomendaciones de contraseñas fuertes serían aquellas que tengan entre 12 y 15 caracteres, que combinen números, letras y caracteres especiales (símbolos, puntos, espacios, etc.), deben ser únicas y no reutilizarlas para varias cuentas, ya que, de esta forma, si se descifrase en uno de tus servicios o plataformas, sería fácil acceder a todas las demás. Algunas propuestas más creativas serían cambiar las vocales, sustituir cada letra por la siguiente en el alfabeto, etc., este tipo de cambios eleva muchísimo el tiempo que tardaría en descifrarse.

 SABÍAS QUE...

Existen gestores de contraseñas que te ayudan a generar contraseñas fuertes y únicas, pero también a almacenarlas de forma segura y acceder a ese almacén desde cualquiera de tus dispositivos, ya que sería difícil recordarlas todas.

2.4. Seguridad de un archivo

La seguridad de archivos en las empresas es fundamental. También en lo particular, pero en las empresas adquiere un carácter exponencial, por todo lo comentado hasta ahora.

También existen prácticas en el ámbito empresarial para proteger los archivos almacenados, que van desde formar a los empleados en seguridad hasta invertir en mejores herramientas de protección de datos, pasando por todas las prácticas que podemos tener en el ámbito personal, pero a mayor escala.

 PARA SABER MÁS

Además, existen una serie de normas y estándares para el almacenamiento seguro de archivos, como la ISO/IEC 27001, la directiva NIS2 o los principios de la GDPR. Consulta el siguiente artículo para saber más. Accede desde aquí.

https://redirectoronline.com/ifcd290402

Seguridad de archivos

3. *Malware:* definición y función, tipos, protección

☞ **HILO CONDUCTOR**

Ángeles ya ha leído sobre *malware* y es especialmente respetuosa con el antivirus de su equipo y con algunas prácticas de seguridad que ya se han ido comentando anteriormente. Ahora que ha profundizado algo más en los usos de internet, tanto para las aplicaciones en línea como para otros usos, es más consciente aún y quiere profundizar un poco más en qué impactos puede tener el *malware* tanto en su equipo y sus datos como a nivel nacional o mundial.

Ya se habló brevemente sobre el *malware* en la unidad correspondiente a la protección del equipo. La contracción de *malicious software* (*software* malicioso) describe ese *software* que puede llegar a dañar nuestros equipos informáticos de manera particular y personal, pero también a nivel empresarial, nacional o mundial.

Se hace un breve repaso de lo que es el *malware* y los distintos tipos con los que podemos enfrentarnos, sus formas de propagación y sus impactos, además de ver algunos ejemplos reales que han ocurrido, para tomar conciencia de la magnitud de este tipo de ataque más allá de nuestra pequeña parcela de datos financieros y personales a título particular.

3.1. Definición y función del malware

Este *software* malicioso busca atacar nuestros equipos. Habitualmente, un *software* tradicional está diseñado para facilitarnos las funciones y mejorar nuestra productividad, si bien el *malware* hace justamente lo contrario. Puede tener como fin obtener ganancias, simplemente causar daño o cualquier otro objetivo que impacte en su entorno digital.

3.2. Tipos de *malwares*

Existen distintos tipos de *malwares* según sus características, la forma en que infectan y los propósitos concretos que persiguen. En unidades anteriores se enumeraron los distintos tipos de *malwares:* virus, gusanos, troyanos, *ransomware* o *spyware.* Cada uno de ellos se propaga o se activa de distintas formas, a cuál más sofisticada. Estos evolucionan constantemente para saltarse las distintas medidas de seguridad que los antivirus, las aplicaciones y los equipos van implementando. Sus métodos de propagación son:

- **Correos electrónicos:** los correos fraudulentos son una herramienta común para distribuir *malware.* Usualmente, contienen enlaces o archivos adjuntos maliciosos que, una vez abiertos, permiten la ejecución del *malware* en el dispositivo del usuario.
- **Redes sociales y mensajería instantánea:** el *malware* puede propagarse a través de plataformas populares de mensajería instantánea y redes sociales, muchas veces disfrazado bajo nombres atractivos que incitan al usuario a descargar o interactuar con contenido comprometido.
- **Descarga en webs:** los sitios web comprometidos pueden ejecutar descargas *drive-by*, donde el *malware* se instala automáticamente en el sistema del usuario al visitar una página infectada, sin necesidad de intervención por parte del usuario.
- **Dispositivos externos:** los dispositivos USB, los discos duros externos y otros periféricos de almacenamiento a menudo actúan como conductos para el *malware*, especialmente cuando se utilizan en múltiples sistemas informáticos.
- ***Peer to peer:*** las redes P2P (sistemas de compartición de archivos y descargas) pueden ser un vehículo para distribuir *software* malicioso, disfrazándolos como archivos o aplicaciones legítimas para atraer descargas de usuarios desprevenidos.

Puedes repasar el funcionamiento de cada tipo de *malware* y ver algunos ejemplos reales que han ocurrido y han sido sonados a continuación:

➲ **Virus.** Es un fragmento de código que se ejecuta al abrir la aplicación que lo contiene, por tanto, requiere un usuario que lo ejecute. La propagación suele ser a través de sitios web infectados, transferencia de archivos, descarga de archivos desde correos electrónicos, etc. Se replican y propagan fácilemente, y pueden robar datos confidenciales. Algunos ejemplos de virus famosos son:

  ☋ **ILOVEYOU:** este era el asunto del correo electrónico que llegó a millones de usuarios. Una vez abierto, invitaba a abrir el archivo adjunto y, una vez abierto, el virus se propagaba rápidamente por el equipo informático eliminando y dañando archivos. Fue creado por un estudiante universitario y se estima un impacto financiero de unos 15 000 millones de dólares en el año 2000.

  ☋ **Melissa:** este virus del año 1999 se difundía por correo con un archivo de *Word* adjunto que había que descargar para realizar una inscripción. Una vez que se abría este archivo, el virus mandaba copias del mismo correo a los primeros 50 contactos de correo de ese usuario. Se estimó su costo en 80.000 millones de dólares.

➲ **Gusano.** Como ya sabes, estos ataques son independientes, no requieren un archivo portador ni un usuario que lo ejecute específicamente. Se propagan por la red e infectan fácilmente multitud de equipos informáticos. Algunos de los más señalados son:

  ☋ **Swen:** fue un gusano informático que aparentó ser una actualización de un sistema operativo, por lo que era fácil creer que debías ejecutarlo. Su costo se estimó en unos 10.400 millones de dólares.

  ☋ **Storm worm:** fue un gusano en un correo electrónico sobre un pronóstico de mal tiempo.

➲ **Troyano.** Este tipo de *malware* tiene como intención adentrarse y abrir una puerta para permitir el acceso a otros *malwares* que puedan robar información, etc. Algunos de los más sonados han sido:

  ☋ **Zeus:** se infiltraba para tomar el control remoto de los equipos y, de esta forma, permitir a otros *malwares* transferir dinero a cuentas bancarias secretas. Este fue uno de los más sonados y se estiman sus daños en 3000 millones de dólares.

  ☋ **Kronos:** es similar al anterior y se centra en el robo de las credenciales de inicio de sesión bancaria mediante el registro de teclas.

➲ *Spyware.* Como ya sabes, el *spyware* es usado frecuentemente para el robo de identidad y el *marketing* agresivo no solicitado. Algunos de los más sonados son:

- **Darkhotel:** tenía como objetivo personas de alto perfil en hoteles de lujo y utilizaba las redes wifi de estos hoteles para infiltrarse en sus dispositivos y recopilar tranquilamente información sensible de altos ejecutivos de empresas o funcionarios del Gobierno.
- **Pegasus:** se infiltró allá por 2010 en teléfonos móviles pertenecientes a personas de alto perfil sin que sus propietarios lo supieran, convirtiéndolos en dispositivos de vigilancia.

> *Ransomware.* Este *malware* cifra los archivos de forma que no puedes acceder a ellos a no ser que pagues un rescate. Algunos de los más famosos son:

- La **Universidad de California** sufrió un ataque de este tipo a varios servidores de la facultad de medicina, que encriptó y extrajo datos para poder negociar un rescate que se vieron obligados a pagar, aproximadamente de 1,14 millones de dólares en criptomonedas, ya que se trataba de datos importantísimos para la investigación de COVID-19.
- El **Gobierno de Costa Rica** sufrió un ataque declarado emergencia nacional, ya que entraron en el Ministerio de Hacienda, encriptando y paralizando servicios como el servicio de impuestos o de aduanas. Se exigió un rescate de 10 millones de dólares.

✎ DEFINICIÓN

Hackeo o hackear

Son términos relacionados con *hacker* o pirata informático y se refieren a realizar actividades intrusivas vinculadas a acceder a una red privada sin acceso o a un sistema informático y a sus datos.

Hackeo

A través de los ejemplos anteriores se han descrito distintos impactos que puede tener el *malware,* tanto a nivel personal como a nivel de organización, gubernamental, empresarial, etc. Puedes ver un resumen de los impactos más significativos:

Pérdida de datos
- El malware puede ocasionar la pérdida permanente de archivos importantes y datos valiosos, afectando tanto a individuos como a operaciones de negocio cruciales.

Daño financiero
- A través de ataques dirigidos como el *ransomware* y el *spyware*, los delincuentes pueden extorsionar con pagos cuantiosos o robar detalles financieros para realizar transacciones ilícitas.

Daño a la reputación
- Las empresas y las organizaciones enfrentan el riesgo de daño significativo a su reputación pública si son víctimas de un ataque de *malware* significativo, afectando a su confianza con clientes y partes interesadas.

Comprometer la seguridad nacional
- Las infraestructuras críticas pueden ser atacadas objetivamente por actores estatales o terroristas, amenazando la seguridad nacional y la estabilidad.

3.3. Protección ante el malware

El *malware* es y seguirá siendo una constante amenaza en este entorno de internet, ya que está en continuo avance y es importante estar actualizado para poder protegerse de él, además de hacer un uso de internet inteligente y responsable. A lo largo de la unidad de la seguridad de los equipos informáticos y de este apartado, se han ido enumerando las siguientes prácticas que llevar a cabo:

- **Uso de antivirus y *antimalware:*** las soluciones deben ser de confianza y mantenerse actualizadas para asegurar la detección y la eliminación efectiva de amenazas.
- **Hábitos de navegación segura:** evitar clics en enlaces sospechosos, descargar solo aplicaciones de fuentes verificadas y ser cauteloso con lo que se comparte en línea.

- **Educación y concienciación:** mantener a los usuarios informados sobre las tácticas comunes de *malware* y practicar una conducta segura en línea es esencial para la prevención.
- **Realización de copias de seguridad:** implementar sistemas de *backup* regulares para minimizar la pérdida de datos tras un posible ataque de *ransomware* o similar.
- **Actualización constante de *software:*** asegurarse de que los sistemas operativos y las aplicaciones estén al día con los parches de seguridad más recientes.
- **Implementación de sistemas de protección de red:** los *firewalls* y los sistemas de detección de intrusiones deben ser desplegados para monitorear y proteger las redes de intentos de acceso no autorizados.

4. Seguridad de la red: redes, conexiones de red, seguridad inalámbrica, control del acceso

 HILO CONDUCTOR

Ángeles entiende que conectarse a una red, ya sea doméstica o pública, no es únicamente dar a un botón. Tiene que hacer un uso responsable de ella, pero para eso necesita aprender un poco más sobre cómo funciona esta seguridad, en qué se basa y, sobre todo, qué metodologías sigue la seguridad en una red inalámbrica, que es la que usa habitualmente con su portátil y con su dispositivo móvil.

La seguridad en la red, como ya se ha comentado en ocasiones anteriores, es aquella actividad, tecnología, protocolos, actuaciones encaminadas a proteger los recursos digitales del individuo, sus equipos informáticos y sus datos e información.

Así, la intención primera es evitar ataques maliciosos desde internet sobre las redes internas propias, nuestros ordenadores o dispositivos. Esta seguridad pasa por permitir este intercambio de información entre red y dispositivo, que se realice de una forma segura y conservando principios de confidencialidad.

Lógicamente, esta seguridad se basa principalmente en identificar usuarios para distinguir contenido malicioso. Una vez que se ha producido la autenticación de los usuarios que quieren acceder a una red o dispositivo, se les permite el acceso. Si se han identificado usuarios maliciosos, la seguridad de la red se encarga de bloquearlos.

4.1. Redes y conexiones de red

Existen unos principios básicos para garantizar la seguridad de red, como son la confidencialidad, la integridad y la disponibilidad. Puedes conocer un poco más a fondo en qué consiste cada uno de ellos aquí:

Confidencialidad	Integridad
- La confidencialidad se asegura a través de estrategias que impiden el acceso no autorizado a la información almacenada y transferida. Esto implica utilizar encriptación y autenticación sólidas para garantizar que solo los individuos autorizados puedan acceder a los datos sensibles. Un ejemplo clásico es el uso de protocolos como HTTPS para asegurar que la comunicación entre un navegador web y un servidor sea segura.	- Implica salvaguardar la precisión y la confiabilidad de la información. Los ataques a la integridad generalmente intentan modificar información o inyectar datos falsos. La implementación de medidas como las firmas digitales y los algoritmos *hash* permiten garantizar que los datos no sean alterados entre el emisor y el receptor. Por ejemplo, un correo electrónico puede ser firmado digitalmente para asegurar que no haya sido modificado después de ser enviado.

Disponibilidad
- Hace referencia a mantener los sistemas accesibles y funcionando correctamente, respaldando la operación continuativa de servicios críticos. Las amenazas como los ataques de denegación de servicio (DoS) buscan comprometer la disponibilidad de un servicio interrumpiendo el tráfico normal. El uso de mecanismos como redundancias, balanceo de carga y servicios de mitigación de DoS puede prevenir tales intentos de interrupción.

Para velar por estos principios, la seguridad de red deberá aplicar una serie de procesos y soluciones. Hay una serie de conceptos que es interesante que conozcas para posibles configuraciones, para aceptar según qué servicios, etc., y conocer la seguridad de redes a nivel de usuario. Siempre puedes contratar servicios más especializados si se trata de redes más grandes o protocolos para empresas, por ejemplo. Algunos aspectos básicos de seguridad de redes son:

- **Control de acceso:** este es el proceso que se inicia cuando introducimos un usuario y una clave para iniciar una sesión en un equipo o en una red. El proceso consiste en: identificación (confirma la identidad del usuario mediante su ID), autenticación (verifica esa identidad y su contraseña), autorización (autoriza su acceso) y responsabilidad (hace un seguimiento del usuario para que se haga responsable de sus acciones).
- **Segmentación de la red:** la segmentación no es más que separar la red en pequeñas partes para poder mejorar su control y favorecer la seguridad y el rendimiento.
- **Seguridad perimetral:** establece un perímetro o límite seguro entre la red interna y todo lo exterior para que todos los que estén dentro sí puedan acceder a la información y los datos, pero nadie de fuera de la red pueda hacerlo.
- **Cifrado de datos:** los datos se cifran y se utiliza una clave para garantizar la confidencialidad y la integridad. Existen dos tipos de cifrado: simétrico (solo hay una clave) y asimétrico (hay dos claves).

Para garantizar la seguridad de red existen herramientas o tecnologías que puedes poner a funcionar según las necesidades que tengas y que siempre puedes implementar contratando los servicios de alguien experto en redes. Estas herramientas se basan en mantener los principios básicos y puedes conocer algunas a continuación:

- *Firewalls:* los *firewalls*, que ya conoces, actúan como barreras de seguridad entre una red interna y el tráfico externo, evaluando y filtrando los paquetes de datos basados en un conjunto definido de reglas. Un *firewall* puede ser configurado para bloquear accesos no autorizados, permitiendo solo el tráfico que cumpla con las normativas de seguridad propuestas.
- **Sistema de detección y prevención de intrusiones (IDS/IPS):** se encargan de monitorear continuamente la red en busca de actividades sospechosas o anómalas. Los IDS detectan amenazas potenciales y alertan a los administradores de red, mientras que los IPS toman medidas proactivas para bloquear las amenazas detectadas.
- **Redes privadas virtuales (RPV):** facilitan conexiones seguras y encriptadas sobre redes públicas, permitiendo un acceso remoto seguro

a recursos privados. El uso de VPN es común para organizaciones que requieren que sus empleados trabajen de manera remota, garantizando que las comunicaciones sean seguras.

⮩ **Antivirus y *antimalware*:** estos programas, que ya conoces, son fundamentales para defenderse contra *software* malicioso y mantener la integridad del sistema. Su constante actualización asegura protección frente a nuevas amenazas identificadas.

4.2. Seguridad inalámbrica

Además de la seguridad de redes en general, es importante tener en cuenta la seguridad de las redes inalámbricas. Estas han supuesto un paso gigante en el avance del uso de internet, del acceso a todos los usuarios, de que ha posibilitado la colaboración portátil, el trabajo a distancia, etc., pero de igual modo se han ampliado las opciones de exposición a ciberataques y se han abierto nuevas posibles puertas de entrada.

Cuando conectamos a una red wifi, el dispositivo que intenta establecer la comunicación y el punto de acceso a dicha red, que generalmente es un rúter, intercambian una serie de fragmentos claves que permiten establecer dicha comunicación y transmitir datos.

Seguridad en las redes inalámbricas

Existen una serie de algoritmos de seguridad o protocolos que establecen cómo va a ser dicho intercambio de claves para asegurar la confidencialidad y la integridad de la información. Estos protocolos tienen nombres como WEP (el más antiguo y menos seguro ya) y sus versiones posteriores: WPA, WPA2 y WPA3.

 **PARA SABER MÁS**

Si quieres, puedes ampliar información sobre los distintos protocolos de seguridad de las redes inalámbricas desde aquí.

https://redirectoronline.com/ifcd290403

4.3. Control del acceso

El control de acceso a una red, también llamado NAC, es el proceso por el cual la red restringe el acceso de usuarios y dispositivos no autorizados a ella. Este control de acceso se basa principalmente en la autenticación de la identidad de los usuarios. Existen diferentes técnicas relacionadas con esta autenticación, dependiendo del tipo de red del que estemos hablando y de la magnitud de las conexiones.

Para el acceso a redes privadas, el proceso de autenticación se basa en un autenticador que conecta al cliente con un servidor donde se guardan sus claves. Se establecerá la relación y se autenticará a dicho usuario.

 **NOTA**

Seguramente habrás oído hablar de la autenticación de un factor y de factor múltiple, que puede ser de dos factores y hasta de tres factores. En el primer caso, se trata de nombre de usuario y contraseña; en el segundo de los casos, además de lo anterior, se utiliza también algo que tiene el usuario, como su móvil o su tarjeta de crédito, para confirmar su identidad; por último, el de tres factores incluye la huella o el reconocimiento facial. Este tercer caso también se denomina método de autenticación por biometría.

Existen otros métodos de autenticación de usuarios, son los siguientes:

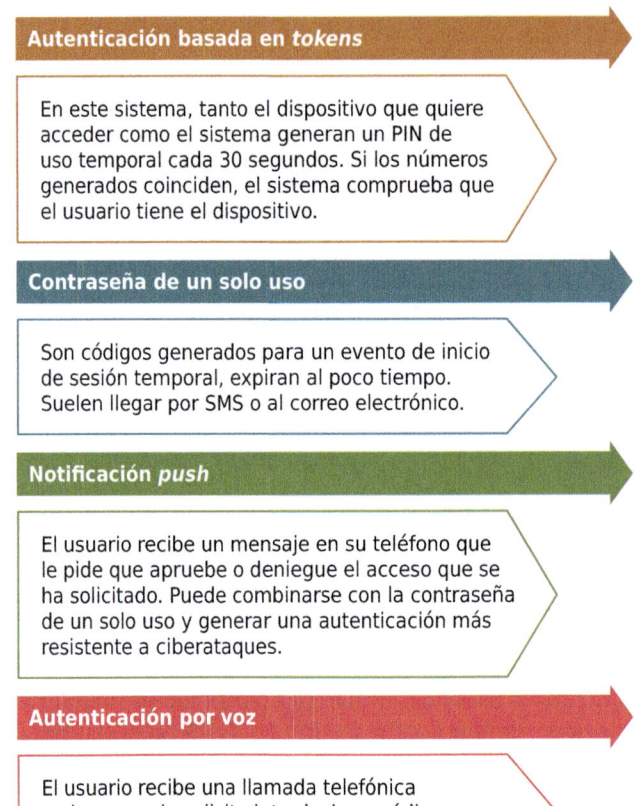

Autenticación basada en *tokens*

En este sistema, tanto el dispositivo que quiere acceder como el sistema generan un PIN de uso temporal cada 30 segundos. Si los números generados coinciden, el sistema comprueba que el usuario tiene el dispositivo.

Contraseña de un solo uso

Son códigos generados para un evento de inicio de sesión temporal, expiran al poco tiempo. Suelen llegar por SMS o al correo electrónico.

Notificación *push*

El usuario recibe un mensaje en su teléfono que le pide que apruebe o deniegue el acceso que se ha solicitado. Puede combinarse con la contraseña de un solo uso y generar una autenticación más resistente a ciberataques.

Autenticación por voz

El usuario recibe una llamada telefónica en la que se le solicita introducir un código o identificarse de forma verbal.

Una vez que el sistema ha comprobado que se trata de ese usuario y que tiene permiso para acceder al sistema, le permitirá el acceso.

 **VÍDEO**

Puedes ampliar información sobre cómo proteger tu red wifi doméstica en este vídeo. Accede desde aquí.

Continúa en página siguiente >>

<< Viene de página anterior

https://redirectoronline.com/ifcd290404

5. Uso seguro de la web: navegación web, redes sociales

👉 **HILO CONDUCTOR**

Ángeles es perfectamente consciente de las amenazas y los peligros de internet, del uso de las redes, etc. Incluso ha leído ya bastante sobre cómo hacer un uso responsable de internet, pero piensa que nunca es suficiente para aprender e integrarse de manera segura en las redes sociales.

Ya hemos hablado antes del uso seguro de la web, de las prácticas más responsables a la hora de navegar por internet y de usar redes sociales. Simplemente, se trata de aplicar el sentido común y todo lo que has aprendido hasta ahora en cuanto a prevención y sistemas para proteger tu equipo, y en cuanto a uso responsable.

Adicción a redes sociales

A modo de resumen, puedes ver aquí una enumeración de prácticas recomendables que llevar a cabo a la hora de navegar por la web para mitigar riesgos y evitar problemas posteriores:

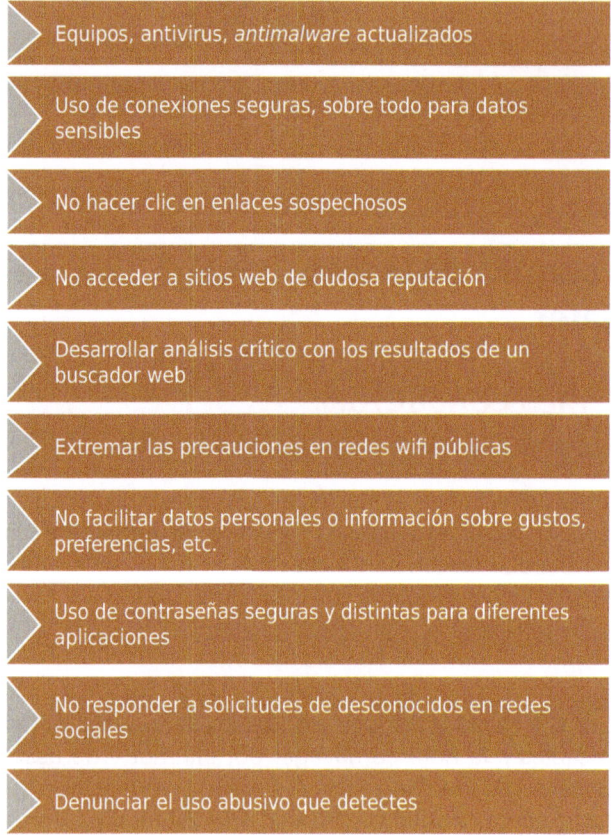

Equipos, antivirus, *antimalware* actualizados

Uso de conexiones seguras, sobre todo para datos sensibles

No hacer clic en enlaces sospechosos

No acceder a sitios web de dudosa reputación

Desarrollar análisis crítico con los resultados de un buscador web

Extremar las precauciones en redes wifi públicas

No facilitar datos personales o información sobre gustos, preferencias, etc.

Uso de contraseñas seguras y distintas para diferentes aplicaciones

No responder a solicitudes de desconocidos en redes sociales

Denunciar el uso abusivo que detectes

 **APLICACIÓN PRÁCTICA**

Ángeles quiere realizar una operación bancaria importante y está algo nerviosa por cómo hacerlo o cómo extremar la seguridad. Se plantea distintos escenarios y distintos procesos para realizarla. ¿Cuál sería el más idóneo?

Continúa en página siguiente >>

<< Viene de página anterior

a. **Se ha planteado irse a la cafetería y conectarse a internet desde allí. Le parece buena opción para no relacionarse con la IP de su casa y evitar posibles fraudes posteriores, pero sabe que debe ser cuidadosa a la hora de tener documentos como la tarjeta de crédito a la vista o cualquier otro sitio donde tenga anotadas las claves de operaciones.**

b. **Cree que es más seguro quedarse en casa, conectada a su propia wifi, y ha decidido acceder al banco desde un enlace que había en el correo electrónico publicitario sobre hipotecas que recibió el otro día, ya que no se acuerda muy bien de las claves de acceso desde la web.**

c. **Duda sobre si llevarse su portátil a clase para que una persona de confianza le ayude a introducir los datos en las posiciones correctas o llamar por teléfono a algún familiar para que le eche una mano, pues es la primera vez que va a realizar una operación bancaria por internet.**

d. **Se plantea quedarse en casa e incluso acceder desde la propia web del banco, aunque le suponga dar más pasos e introducir más datos en los que puede equivocarse.**

Solución

La respuesta correcta podría ser la d., hacerla tranquilamente desde casa, paso a paso, accediendo a documentos privados de claves si es necesario, asegurándonos de que la página tiene HTTPS en la parte superior a la hora de operar, en lugar de HTTP, y haciéndolo todo de forma segura.

Por último, en caso de duda con algo tan sensible como el banco, siempre puede ir a una oficina en persona y que le asistan en el proceso o incluso le hagan la operación de forma segura, si es tan importante.

- -

Más concretamente, a la hora de navegar por las redes sociales, existen unas prácticas específicas que son recomendables seguir. Son espacios de gran exposición a otras personas, donde se miente con facilidad, se adquieren identidades falsas, y parece que se puede opinar de todo y de cualquier manera ante y contra todos. Por todo esto, es importante ser cauto porque *a priori* no parece necesitarse amplios conocimientos para su uso, pero sí son fundamentales para generar un espacio de uso seguro.

Hay que evitar los posibles riesgos que se han comentado hasta ahora en cuanto a fraudes, enlaces en los que no hay que hacer clic, direcciones a las que no es seguro acceder o datos que no se deben compartir, pero también hay que estar atento a otra serie de riesgos de las redes sociales como son el acoso, la suplantación de personalidad, etc. A continuación, puedes ver una lista de buenas y malas prácticas en el uso de redes sociales.

Buenas prácticas	Malas prácticas
- Definir correctamente el perfil. - Comprobar qué podrán ver los demás usuarios. - Crear contraseñas seguras y diferentes en las distintas redes sociales. - No hacer clic en contenidos o enlaces de dudosa procedencia. - Mantener en privado la lista de contactos. - Tapar las cámaras.	- Compartir contenidos sensibles sobre tu vida. - Dar excesiva información. - Mantener activada la geolocalización. - Dar datos bancarios. - Difundir información privada sobre otros. - Compartir credenciales de acceso. - Confiar en anuncios, sorteos y ofertas excesivas. - Difundir contenido ofensivo.

 PARA SABER MÁS

Puedes leer este artículo con 25 consejos para navegar seguro por internet en el que aparecen todos los sistemas, prácticas, consejos, etc., comentados hasta ahora y que hay que tener en cuenta para navegar de forma segura. Accede desde aquí.

https://redirectoronline.com/ifcd290405

Uso seguro de la web por menores y mayores

Es muy importante extremar la seguridad y transmitir la idea de un uso responsable en algunos de los grupos más vulnerables, como son los menores y los mayores.

El uso de redes sociales puede acarrear en los menores problemas de salud mental, de cómo perciben su propia imagen, de cómo entienden las relaciones, de cómo opinan sobre diversos temas, de cómo se exponen, de cómo son susceptibles de sufrir acoso. Puedes ver un poco más sobre estos riesgos para los menores a continuación:

- **Ciberacoso o *ciberbullying*:** es el uso de las redes para humillar, difamar o acosar a otros menores, con las ventajas de lo digital, sin restricciones físicas, de ubicación o de horarios, incluso escudados en el anonimato. Puede llegar a impedir el desarrollo normal de un niño o adolescente.
- ***Sexting:*** es el envío voluntario de fotografías o grabaciones íntimas a una persona de confianza que, posteriormente, las difunde a terceros sin el consentimiento. Está en el listado de prácticas y riesgos a menores porque no es una práctica exclusiva de adultos.
- **Sextorsión:** es un concepto aparejado al *sexting*, ya que se basa en el uso de las imágenes anteriores con el fin de chantajear el menor.
- ***Grooming:*** son acciones llevadas a cabo por adultos para ganarse la confianza de menores para obtener algún tipo de satisfacción sexual mediante la petición de fotografías, etc. Es habitual que el adulto consiga el acercamiento haciéndose pasar por menor
- **Retos peligrosos:** existen algunos retos que se hacen virales, que son desafíos que corren como la espuma entre menores y adolescentes. Se trata de juegos difíciles y arriesgados que les permiten ganar popularidad y obtener aceptación entre los demás. Algunos ejemplos son inhalar productos tóxicos, zancadillas y saltos peligrosos, tomar diazepam y aguantar sin dormirse, etc.
- **Discursos de odio y contenidos violentos:** se vierten todo tipo de opiniones y con todo tipo de intenciones, y pueden verse fácilmente inmersos en grupos extremistas, misóginos, comportamientos de autolesiones, etc., al no tener un criterio ampliamente formado.
- **Desinformación, *fake news*:** no suelen contrastar la información que reciben, lo que hace que sean perfectamente víctimas de teorías conspirativas, de noticias falsas, etc.
- **Suplantación de identidad:** alguien accede a sus redes sociales y se hace pasar por la persona, perjudicando su imagen, pero también con el riesgo de que acceda a toda su información personal.
- **Vida sedentaria, aislamiento, adicción:** otros riesgos evidentes para la salud física o mental, como pueden ser pasar demasiadas horas con

pantallas, demasiadas horas sentados, aislamiento de la familia o de actividades con amigos al aire libre, pérdida de tiempo de estudio, adicción a internet, etc.

IMPORTANTE

Indudablemente, las redes sociales e internet tienen también ventajas para los menores: eliminan brechas sociales y distancias físicas, pueden encontrar recursos educativos, mejoran la comunicación, la pluralidad, además de adquirir habilidades tecnológicas y de ser una gran fuente de entretenimiento. Simplemente, como adultos responsables debemos asegurarnos de que están en un entorno seguro y no están en riesgos o amenazas, y hacerlos conscientes de qué supone Internet. Los padres cuentan con recursos como el control parental cuando los menores son todavía bastante pequeños, y así pueden limitar y controlar tanto el tiempo de uso como el contenido que consumen.

El uso de las redes sociales en adolescentes

En el campo de las nuevas tecnologías, del uso de internet y muy especialmente del uso de las redes sociales, el colectivo de las personas mayores también es considerado vulnerable. Habría una parte importante de riesgos relacionados con los fraudes, los engaños, la suplantación de identidad, las compras *online* o enlaces sospechosos; y otra parte importante en lo que tiene que ver con la salud mental, el aislamiento, etc.

 **TAREA 5**

Como parte de un trabajo académico, debes impartir una pequeña charla sobre seguridad en el uso de redes sociales para personas mayores en un centro de mayores. Haz una especie de decálogo de buenas prácticas y consejos para que lo tengan a mano.

6. Comunicaciones

👉 HILO CONDUCTOR

Ángeles empieza a utilizar más los métodos de comunicación digital en su ordenador, además de las aplicaciones de mensajería instantánea que ya utilizaba en su dispositivo móvil. Después de todo lo que ha podido aprender sobre distintas amenazas hasta ahora, se plantea si algo que hace de forma tan intuitiva lo está haciendo de la forma más correcta.

Las comunicaciones son de los servicios que más utilizamos. Son nuevas formas digitales de hacer lo que siempre hemos hecho, hablar con los demás, que además nos permiten el envío de información, el intercambio de archivos, fotografías, ubicaciones, etc.

Llegados a este punto, es evidente que sabes cómo ser precavido con este tipo de funcionalidades, cómo lo más importante es ser prudente en el uso, tener todos los sistemas de antivirus y demás actualizados y, en el caso concreto de las comunicaciones, extremar el sentido común. Se repasan, a continuación, algunas de las medidas básicas de seguridad que como usuarios podemos poner en práctica en los siguientes servicios de comunicación.

6.1. Correo electrónico

El correo electrónico es la forma de comunicación más formal que sueles usar. No es tanto una forma inmediata de comunicarte, pero sí permite el envío de documentos, las comunicaciones profesionales, enlazar calendarios y eventos, etc. A título personal, quizás uses este tipo de comunicación cuando tengas que adjuntar archivos y es ahí una de las primeras precauciones que debes tener: la descarga de archivos o el hacer clic en enlaces de descarga ante remitentes desconocidos o incluso conocidos (que pueden no tener el control de su equipo o no ser ellos los que lo manden, ya que podrían haber sido infectados previamente).

Comunicaciones seguras en dispositivos móviles

Además de estas precauciones fundamentales, hay otra serie de consejos que puedes seguir para ser consciente de poner tu propia barrera de seguridad a la hora de utilizar estos servicios. Estos consejos son:

➲ **Uso de una contraseña segura, diferente y cambiada con frecuencia:** este es uno de los puntos básicos, que uses contraseñas que no sean débiles, que no contengan datos evidentes, tal y como se ha explicado antes, que no sean las mismas para todas las aplicaciones y, si sospechas de algún comportamiento extraño, cámbiala a menudo.

➲ **Pasar el antivirus, debidamente actualizado, antes de abrir los archivos descargados:** si finalmente confirmas que el remitente es de fiar y que el archivo que vas a descargar es de fiar, una vez que lo descargues no está de más que le pases el antivirus para terminar de asegurarte de que no contiene ningún virus que pueda dañar tu equipo al abrirlo.

➲ **No publiques tu dirección de correo electrónico en redes, etc.:** no debes poner fácil que cualquier usuario pueda escribirte o incluso de forma automática algunos servicios puedan enviarte SPAM, sé cauto a la hora de dar a conocer tu dirección, no lo hagas en sitios como redes sociales, y permanece muy atento a quién le das tu dirección a la hora de rellenar formularios *online,* por ejemplo, para recibir ofertas o entrar en sorteos.

➲ **No respondas a correos no deseados:** si detectas que es SPAM, no deseado, no respondas, bórralo inmediatamente para minimizar riesgos.

➲ **Pasa el cursor sin hacer clic sobre los enlaces para ver la dirección completa:** este recurso consiste en ver una previa de la web a la que accederías con el enlace, a ver si te parece que está correctamente escrito, que incluye HTTPS, etc. No hagas clic, simplemente pasa por encima.

6.2. Mensajería

Probablemente uses desde hace tiempo las aplicaciones de mensajería instantánea en tu ordenador, en tu tableta o en tu móvil. Puede que incluso lo hagas también para uso profesional, tal y como se ha descrito hasta ahora. Son aplicaciones bastante intuitivas en las que accedes de forma rápida y que usas también a un ritmo rápido, ya que se trata de comunicación en tiempo real, prácticamente. Estos servicios suelen tener bastantes medidas de seguridad aplicadas ya por defecto, pero existen otras que dependen exclusivamente del usuario, de nosotros, y por eso es importante que repares en ellas. Te las enumeramos a continuación:

➲ **Uso de aplicaciones conocidas y contraseñas fuertes:** estas dos recomendaciones ya las conoces de sobra, pero merecen ser recordadas por su importancia. No debemos fiarnos de aplicaciones de mensajería que no sean conocidas, sobre las que no sepamos nada. Y, por supuesto, aplicar todo lo que ya hemos aprendido sobre el uso de contraseñas fuertes.

➲ **Envío y descarga de archivos:** parece lógico pensar que todos los contactos que tenemos en la mensajería instantánea son personas de fiar y no son extraños, y que, por tanto, nadie va a mandarnos un *malware* o un mensaje con un enlace sospechoso. No debes bajar la guardia porque puede que no sea voluntariamente, que su equipo haya sido infectado o que hayan suplantado su identidad, etc. No descargues nada de lo que no estés seguro.

- ➲ **Envío de fotos e información sensible:** también es habitual que se genere un espacio de confianza entre tus contactos de mensajería instantánea y que envíes fotos o datos personales o sensibles, ten en cuenta que no sabemos quién podría acceder a ese dispositivo.
- ➲ **Número telefónico visible:** si usas mensajería como *WhatsApp,* el número de teléfono es visible para otros usuarios, por lo que si accedemos a enviar documentación o datos que nos piden por este medio para alguna gestión, además estamos dando nuestro número de teléfono.
- ➲ **Bloqueo de conversaciones:** puedes crear conversaciones con contraseñas para evitar que accedan personas no autorizadas.
- ➲ **Mensajes que desaparecen pasado un tiempo:** estas aplicaciones tienen la opción de evitar que tus conversaciones estén disponibles durante mucho tiempo, puedes hacer que los mensajes desaparezcan automáticamente pasado un tiempo. Igualmente, debes saber que existen formas de enviar fotos que solo pueden visionarse una vez, de forma que la otra persona no podría descargarlas o guardarlas en su dispositivo. Incluso, en algunas aplicaciones de mensajería, no podrían realizarse capturas de pantalla de este tipo de imágenes.

A la hora de realizar videollamadas, existen algunas cuestiones básicas que puedes revisar para asegurarte de hacerlo de la forma más segura posible. Puedes ver algunas de estas recomendaciones a continuación:

- ➲ **Servicios conocidos:** esta recomendación es válida para todo lo que se ha hablado y para todo lo que tiene que ver con internet. Siempre es mejor hacer uso de servicios conocidos, que nos den confianza, y no de aplicaciones de las que no tenemos referencia.
- ➲ **Controlar quién está conectado:** simplemente es una recomendación de no invitar o añadir por equivocación a usuarios con nombres similares, o tener en cuenta todo el mundo que está conectado antes de tratar según qué tema. Para esto, debes hacer las invitaciones de forma personalizada, nada de publicarlo en redes sociales. También, como moderador en una llamada, puedes silenciar, bloquear e incluso expulsar a personas no deseadas.
- ➲ **Cambiar la configuración inicial:** tómate un pequeño rato en configurar qué elementos empezarán a funcionar cuando empiece una llamada. Es recomendable que no se active de forma inmediata la cámara y el micro por defecto, y que puedan oírse o verse cosas que no quieres en ese momento.
- ➲ **Auriculares y entorno:** de igual modo, debes asegurarte de qué puede oírse de fondo o qué puede verse de fondo en el encuadre de la cámara

si la enciendes. El uso de auriculares también permite en tu propio espacio que no se oiga una conversación y así mantienes la privacidad.

 ⤷ **Reglas de participación o grabación:** siempre, como en todo lo que tiene que ver con internet y las distancias, es bueno dar unas normas de participación en la que se defina si todos encenderán la cámara, si no la tendrán encendida, quién moderará, cómo se pedirá la palabra para participar, si se tomarán notas, si se grabará la llamada, etc. Todas estas cosas hacen sentirse cómodo al participante y, además, hacen de tus videollamadas un espacio más seguro.

¿Cómo identificar SMS, mensajes de *WhatsApp* o *Telegram,* o *e-mails* peligrosos?

Es evidente pero la primera barrera para evitar fraudes es el sentido común, evitar hacer clic en los enlaces y borrar mensajes sospechosos, ya sea a través de SMS, de mensajería instantánea o de correo electrónico.

En la actualidad, por vía SMS están llegando correos de verificación en los que nos dicen que hagamos clic para terminar una operación bancaria o para consultar una multa, el estado de un envío, etc. Parecen reales, pues muchos de estos servicios mandan mensajes de texto para hacer seguimiento o terminar gestiones.

Mediante correo electrónico pueden producirse fraudes tipo *phishing* muy fácilmente. Te llegarán correos de remitentes desconocidos o de remitentes que suplantan un organismo, un banco, etc. Fíjate bien en todos los detalles, en el asunto si parece muy genérico, si es personalizado e incluso si tiene faltas de ortografía (serían errores de traducción probablemente). No los respondas y, sobre todo, no hagas clic en los enlaces. Si has observado, muchos bancos y otros servicios te advierten de que ellos nunca te van a pedir que facilites cierta información sensible por estas vías.

Por último, por mensajería instantánea pueden llegarnos ofertas llamativas o de contactos que no conocemos, como un mensaje de alguien nuevo. La misma aplicación de mensajería instantánea te preguntará si quieres añadirla a tus contactos o bloquearla. Si llega de un contacto conocido, es mejor pecar de ingenuidad y preguntarle si nos ha querido enviar eso y de qué se trata, si es fiable.

IMPORTANTE

Si, desgraciadamente, eres víctima de un ataque de este tipo, porque has hecho clic en algún enlace de correo electrónico, mensajería instantánea o incluso SMS, puede que te des cuenta o bien que veas alguna cosa extraña en tus movimientos bancarios o alguna publicación en tus redes sociales que no hayas hecho tú, o que alguien te avise.

Lo más importante es dejar de usar toda forma de comunicación en ese momento, para evitar que se propague de forma inmediata. Si se trata de problemas bancarios, obviamente, llamar al banco y bloquear tarjetas, cuentas, o aquello que la entidad te sugiera, están bastante familiarizados con estos protocolos.

Además, debes poner una denuncia a la Policía aportando todos los datos que sean posibles para que se pueda demostrar esta suplantación de identidad, etc.

---

7. Gestión de datos seguros: asegurar y utilizar copias de seguridad de los datos, destrucción segura

☞ HILO CONDUCTOR

Poco a poco, Ángeles se ha dado cuenta de que va generando archivos, documentos e información de cierta importancia y no le gustaría tener algún tipo de problema informático y perder ese trabajo. Para ello, empieza a pensar en hacer copias de seguridad periódicas.

Ya hemos hablado de la importancia de la información y de los datos tanto a nivel personal como, sobre todo, a gran escala, a nivel empresarial, gubernamental, etc. A nivel de usuario, podemos desarrollar algunas prácticas para protegernos y, entre todas ellas, hacer copias de seguridad de los datos es una de las más importantes.

En caso de que ocurran incidentes o problemas técnicos, o ataques externos, etc., poder contar con una copia de seguridad donde encontrar la información y que nos permita restaurar el sistema a como estaba antes del percance es fundamental. Además, también supone algunas otras ventajas en el ahorro de espacio en nuestros dispositivos, etc., que veremos a continuación.

También es importante deshacerse bien de la información que queremos borrar, sobre todo si se trata de información sensible y sujeta a normativas de protección de datos o de confidencialidad. Además, hay que hacer una destrucción segura.

7.1. Asegurar y utilizar copias de seguridad de los datos

Básicamente, una copia de seguridad consiste en copiar los archivos importantes de tu dispositivo a un lugar seguro desde el que puedas consultarlo o restaurarlo en caso de necesidad.

Estas copias puedes realizarlas tú mismo de forma manual, copiando los archivos que consideres de importancia en otro soporte, sea disco duro, la nube, etc., o bien programarla y que se haga de forma automática cada cierto tiempo.

Tiene sentido revisar estas copias a menudo, es decir, no dejar mucho tiempo entre una y otra si generas gran cantidad de documentos o datos, para que pierdas la menor cantidad posible. Salvar documentos es una de las ventajas de hacer copias de seguridad, quizás la más importante, pero existen otras como las siguientes:

- **Estar preparado ante problemas informáticos o *malware*:** esta es la razón más importante, poder salvaguardar archivos de posibles problemas con tu equipo informático o dispositivo, e incluso de todos los posibles daños que los ataques externos puedan producir.
- **Proteger la información de borrados por error:** también tú puedes ser el enemigo de tus archivos eliminando algún archivo por error. Siempre puedes recurrir a la última versión que guardaste y continuar desde ahí.
- **Tener todos los archivos en un mismo espacio para su consulta:** a la hora de hacer una consulta, puedes tener todos tus archivos en un mismo dispositivo y acceder a ellos de manera organizada.
- **Tener acceso a versiones anteriores:** puedes recurrir a una versión anterior de algún archivo accediendo a alguna copia de seguridad anterior a la fecha en que hiciste algún cambio que no quieres mantener.

⊃ **Liberar espacio en tu dispositivo:** es una manera de tener almacenados los archivos fuera del espacio que tiene tu dispositivo para uso cotidiano sin tener problemas de espacio.

Puedes hacer copias de seguridad de distintas formas, según si usas los propios programas de tu sistema operativo, con otros programas diferentes o bien en la nube. Algunas de estas formas son las siguientes:

⊃ **Con programas del sistema operativo:** no es necesario instalar un programa para hacerlas, ya que se hacen desde el sistema operativo que tengas instalado, bien *Windows,* bien *macOS,* tabletas y móviles *Android*, o tabletas y móviles *iOS*. Desde tu ordenador con *Windows*, haz clic en **Configuración → Cuentas → Copia de seguridad de Windows** y elige las preferencias.
⊃ **Con otras aplicaciones y herramientas:** son aplicaciones que puedes instalar para realizar copias de seguridad. Asegúrate antes de que son compatibles con tu dispositivo y con el sistema operativo que tiene instalado. Algunas de las aplicaciones más conocidas son *Recuva, Windows backup, Finder&iTunes* o *Time Machine.*
⊃ **Con servicios en la nube:** la ventaja de este tipo de servicio es que puedes acceder a la copia que realizas en la nube en cualquier momento y desde cualquier sitio, simplemente con conexión a internet. Algunos de los servicios más conocidos son *Google Drive, Google One, OneDrive, Dropbox* e *iCloud.*

Copia de seguridad en la nube

 **VÍDEO**

Puedes ver cómo hacer una copia de seguridad en la nube en el siguiente vídeo. Accede desde aquí.

https://redirectoronline.com/ifcd290406

Copia de seguridad en *Windows*

El sistema operativo *Windows* ha ido implementando mejoras a lo largo de sus versiones para que hacer las copias de seguridad sea una tarea fácil. Accede al botón de *Windows* para desplegar la ventana donde escoger **Configuración → Seguridad → Copia de seguridad de archivos.** Directamente, podrás escoger una unidad donde se realizará esta copia de seguridad haciendo clic en **Añadir una unidad,** y escogiendo el *pendrive* o disco duro externo que quieras utilizar.

Haz clic en **Opciones de copia de seguridad** para establecer los parámetros que quieras para esta copia. Asegúrate de tener activada la casilla de "Realizar copia de seguridad automática de mis archivos". Puedes hacer la copia sobre la marcha haciendo clic en **Hacer ahora una copia de seguridad** o puedes editar algunas opciones sobre las que te contamos más seguidamente:

> **Frecuencia**
> - Elige el tiempo en el que quieres que realice las copias periódicas. Igual te interesa acceder y hacerlas a mano porque no haces grandes cambios y no necesitas que se haga de forma frecuente.

Continúa en página siguiente >>

<< Viene de página anterior

Tiempo de mantenimiento de copias
- Tiempo durante el que quieres mantener estas copias de seguridad en la unidad que has indicado. Puedes elegir para siempre.

Seleccionar carpetas
- Puedes decidir hacer copia solo de las carpetas que consideres más importantes o en las que tengas archivos de trabajo, etc.

Excluir carpetas
- Puedes decidir excluir algunas carpetas de la copia completa porque no son importantes; porque la guardas en otra unidad; porque ocupan mucho espacio y no es necesario, ya que no haces cambios en ella, etc.

Cambiar de unidad
- Puedes elegir una unidad para esta copia de seguridad o las sucesivas que vayas a realizar, lo cual no hace que se borren de la unidad donde las hacías hasta ahora.

Asegúrate de que la unidad en la que programas las copias esté conectada siempre o al menos cuando van a realizarse estas copias, y asegúrate también de que hay espacio suficiente en el disco para todo lo que quieres copiar.

← Configuración

⌂ Opciones de copia de seguridad

Información general
Tamaño de la copia de seguridad: 875 MB

Espacio total en Seagate Backup Plus Drive (D:) (D:): 4.54 TB

Todavía no se ha hecho ninguna copia de seguridad de los datos.

Hacer ahora una copia de seguridad

Información de la copia y del espacio disponible

PARA SABER MÁS

Puedes ver más detalles sobre cómo configurar una copia de seguridad en *Windows* y cómo restaurarla en caso de necesidad en el siguiente artículo. Accede desde aquí.

https://redirectoronline.com/ifcd290407

Se ha comentado cómo hacer una copia de seguridad para un ordenador a partir de las opciones que ofrece su sistema operativo, pero también deberás hacer copias de seguridad en el resto de tus dispositivos.

VÍDEO

Puedes ver cómo se realiza una copia de seguridad en un móvil *Android* en el siguiente vídeo. Accede desde aquí.

https://redirectoronline.com/ifcd290408

TAREA 6

Necesitas realizar una copia de seguridad de forma rápida de una carpeta con documentos de trabajo que tienes en tu carpeta **Documentos**. Decides hacerla con el sistema operativo *Windows* y quieres hacerla solo de esa carpeta y que se haga de forma inmediata en un disco duro externo que tienes. ¿Cómo sería el proceso para hacerla?

7.2. Destrucción segura

Hasta ahora hemos hablado de conservar documentos, de no perderlos en caso de algún ataque externo o error humano, pero también existe la posibilidad de querer destruir documentos, archivos o datos, y también hay que hacerlo de forma segura.

Muchas veces, este material es sensible y tiene datos confidenciales, no pueden ser simplemente enviados a la papelera de nuestro dispositivo, no es suficiente con un simple borrado al uso. Se llama destrucción segura de documentos a aquella destrucción de documentos (que pueden ir desde nóminas o datos médicos de personas hasta datos económicos de las propias empresas, etc.) cumpliendo con lo establecido en las leyes vigentes.

NOTA

Para eliminar datos personales en formato digital, hay que cumplir también con el Reglamento General de Protección de Datos (RGPD) y con la Ley Orgánica de Protección de Datos (LOPD).

Al igual que existían empresas que se encargaban de deshacerse de forma segura de documentos en papel, también existen *softwares* para destruir documentos digitales cuando ya no sirven. Son *softwares* de gestión documental y aseguran de esta forma la privacidad de los datos, la confidencialidad de la información y, al mismo tiempo, cumplen con la normativa vigente.

Destrucción de documentos de forma tradicional

8. Resumen

La seguridad informática es la forma más fuerte que tenemos para protegernos de posibles ataques externos, pero de igual modo también para asegurarnos la seguridad de nuestros archivos frente a un error humano o un problema técnico, que también puede y suele ocurrir.

La información que manejamos, nuestros documentos, etc., a nivel de usuario es muy importante, pero hay que ser conscientes de que, a mayor escala, estatal, gubernamental, servicios de salud, etc., también manejan información sensible sobre nosotros. Quizás nosotros no seamos el blanco fácil para un ataque en el sofá de casa, pero sí lo pueden ser nuestros datos en esos niveles superiores.

Hay una serie de pasos básicos a la hora de protegernos, como tener actualizados todos los antivirus y *antimalware*, tener actualizadas todas las aplicaciones en los dispositivos y los sistemas operativos, o ser especialmente cuidadoso en el uso de internet, de responder a mensajes, de hacer clic en enlaces o de desvelar muchos datos de nuestros perfiles personales. Al margen de estas cuestiones básicas que son casi de sentido común, también existen cuestiones que podemos aplicar en el uso de redes sociales, en el uso de mensajería instantánea, etc.

Finalmente, parece paradójico, pero tan importante es conservar la información, nuestros archivos y documentos cuando queremos conservarlos como destruirlos de forma segura cuando no queremos conservarlos.

Ejercicios de autoevaluación
Unidad de Aprendizaje 4

1. ¿Cuál de los siguientes no es un principio básico para preservar la seguridad informática?

    a. Confidencialidad
    b. Documentos no accesibles
    c. Integridad
    d. Autenticidad

2. ¿Cuál de las siguientes amenazas para los datos es claramente voluntaria?

    a. *Malware*
    b. Catástrofes naturales
    c. Falta de confidencialidad de los empleados
    d. Errores de mantenimiento

3. ¿Cuál de las siguientes es una vía de propagación de *malware*?

    a. Correo electrónico
    b. Enlaces en *WhatsApp*
    c. Descargas en webs
    d. Todas las anteriores

4. ¿Cuál de las siguientes contraseñas es la más segura?

    a. Márquez1956 (apellido + fecha de nacimiento)
    b. 123456abcdef
    c. Contraseña123
    d. 23_hispalis*18

5. ¿Qué principio de seguridad de la red utiliza encriptación y autenticación sólidas para garantizar que solo los individuos autorizados puedan acceder a los datos sensibles?

    a. Integridad
    b. Disponibilidad

    c. Confidencialidad

    d. Compromiso

6. Determina si la siguiente oración es verdadera o falsa: "En sus oríge-
nes, un *hacker* informático no era necesariamente una persona con
mala intención o finalidades fraudulentas".

    ■ Verdadero
    ■ Falso

7. ¿A qué se refiere el principio de seguridad de redes que se basa en
identificación, autenticación, autorización y responsabilidad?

    a. Segmentación de la red

    b. Control de acceso

    c. Seguridad perimetral

    d. Cifrado de datos

8. ¿Cuál de las siguientes no es una práctica recomendable en el uso
de redes sociales?

    a. Crear contraseñas seguras.

    b. Tapar la cámara del portátil.

    c. Mantener activada la geolocalización.

    d. Crear contraseñas seguras y diferentes para las distintas redes
       sociales.

9. Determina si la siguiente oración es verdadera o falsa: "La herramienta que garantiza la seguridad bloqueando los accesos no autorizados se denomina *firewall*".

    ■ Verdadero
    ■ Falso

10. Determina si la siguiente oración es verdadera o falsa: "WPA2 es un
protocolo de seguridad para redes por cable".

    ■ Verdadero
    ■ Falso

Bibliografía

Textos electrónicos

→ Guía sobre borrado seguro de la información. Una aproximación para el empresario, de:
<https://www.incibe.es/sites/default/files/contenidos/guias/doc/guia_ciberseguridad_borrado_seguro_metad_0.pdf>.

> Guía realizada por el Instituto Nacional de Ciberseguridad (INCIBE) sobre el borrado y la destrucción de la información.

→ Ciberseguridad en la identidad digital y la reputación *online*, de:
<https://www.incibe.es/empresas/guias/guia-ciberseguridad-identidad-online>.

> Guía realizada por el Instituto Nacional de Ciberseguridad (INCIBE) que analiza los distintos riesgos de ciberseguridad, como suplantación de identidad, fuga de información o publicaciones difamatorias.

→ Privacidad y seguridad en internet, de:
<https://www.aepd.es/guias/guia-privacidad-y-seguridad-en-internet.pdf>.

> Guía de la Agencia Española de Protección de Datos (AEPD) en la que se tratan cuestiones básicas y posibles dudas habituales a la hora de enfrentarse a hacer un uso seguro de internet.

→ Privacidad y seguridad en internet, de:
<https://www.bilib.es/uploads/tx_icticontent/Buscadores.pdf>.

> Pequeño curso creado por KZgunea sobre los buscadores y las búsquedas de información en internet.

→ Política de Gestión de Documentos Electrónicos, de:
<https://www.hacienda.gob.es/SGT/catalogo_sefp/282_9.guia%20de%20aplicacion%20de%20eliminacion%20(acc).pdf>.

> Guía realizada por el Ministerio de Hacienda que desarrolla los conceptos en relación con la eliminación de documentos establecidos en la Política de Gestión de Documentos Electrónicos, publicada el año 2014.